Como escrever tudo em inglês

Escreva a coisa certa em qualquer situação

Ron Martinez

Como escrever tudo em inglês

Escreva a coisa certa em qualquer situação

ALTA BOOKS
EDITORA
Rio de Janeiro, 2018

Como escrever tudo em inglês - Escreva a coisa certa em qualquer situação
Copyright © 2018 da Starlin Alta Editora e Consultoria Eireli. ISBN: 978-85-508-0307-4

Impresso no Brasil.

Obra disponível para venda corporativa e/ou personalizada. Para mais informações, fale com projetos@altabooks.com.br

---

Editoração Eletrônica
Futura

Revisão Gráfica
Roberto Mauro Facce e Edna Cavalcanti

Copidesque
Vânia Maria da Cunha Martins Santos

Produção Editorial
LTC Livros Tec. Cientif. Editora Ltda – CNPJ: 33.829.698/0007-05

CIP-Brasil. Catalogação na fonte
Sindicato Nacional dos Editores de Livros, RJ

M337c Martinez, Ron
Como escrever tudo em inglês: escreva a coisa certa em qualquer situação / Ron Martinez - Rio de Janeiro: Alta Books, 2018.
il.; 24 cm.

ISBN: 978-85-508-0307-4

1. Língua inglesa - Conversação e frases.
2. Língua inglesa - Compêndios para estrangeiros.
I. Título.

15-20968 CDD: 428.24
CDU: 811.111'243

ALTA BOOKS
EDITORA

Rua Viúva Cláudio, 291 — Bairro Industrial do Jacaré
CEP: 20970-031 — Rio de Janeiro - RJ
Tels.: (21) 3278-8069 / 3278-8419
www.altabooks.com.br — altabooks@altabooks.com.br
www.facebook.com/altabooks

In loving memory of
Francisca and Yolanda Martinez

Agradecimentos

O autor agradece a Ricardo Redisch e Kátia Alves, pela inspiração e paciência com este projeto. Também a Tatiana Ferreira Severo, do Britanic, por suas contribuições valiosas no livro, pois sem ela não existiriam hoje algumas das melhores seções do livro. A Julio Lancia, o tradutor e consultor de português do livro, pelo seu entusiasmo no projeto e também pelas excelentes ideias que ofereceu. Finalmente, gostaria de agradecer às pessoas que sempre me deram tanto apoio nos meus projetos: Andy Hague, da Handy Books, Nancy Lake, do CEL-LEP, Jack Scholes, da DISAL, Jeff Mohamed, do St. Giles, e Sara Walker, do BRAZ-TESOL.

Sumário Geral

Sumário Detalhado

Sumário	Contents

3 Cartas comerciais / 3 Business correspondence

Introdução

Para que serve este livro?
Como escrever tudo em inglês faz o que nenhum outro livro sobre escrita fez antes: levar o leitor desde o conceito até a expressão. Em outras palavras: se o propósito é redigir um relatório detalhado ou simplesmente mandar um e-mail para um amigo, *Como escrever tudo em inglês* apresenta as expressões mais comuns na escrita de inglês de maneira prática e amigável.

A quem está destinado este livro?
Estudantes, executivos, viajantes, internautas... para todos aqueles que precisam escrever em inglês, este livro é um guia imprescindível. *Como escrever tudo em inglês* usa suas variadas expressões como ferramentas. Usando uma metáfora, existem muitos tipos de pintores que trabalham aplicando várias técnicas – mas quase todos eles têm em comum a matéria-prima utilizada: tela, tinta e pincéis. A mesma coisa poderia ser dita de bons escritores: cada um deles tem um estilo diferente e escreve por diferentes motivos e para públicos também diferentes, mas a escolha fundamental das palavras frequentemente permanece igual. *Como escrever tudo em inglês* proporciona estas ferramentas ao escritor para serem utilizadas em praticamente qualquer tipo de redação.

Como este livro se destaca dentre outros livros sobre expressão escrita em inglês no mercado?
Outros livros abordam a redação de uma maneira quase limitadora. Mostram para o leitor muitas cartas-modelo na esperança de que ele, de alguma forma, recorte e monte elementos, e extraia orientação suficiente para produzir um documento origi-

nal. O problema é que, como essas mesmas cartas pertencem a contextos específicos, seu conteúdo dificilmente vai parecer generalizado e aplicável às várias necessidades de cada leitor. *Como escrever tudo em inglês* faz uma abordagem oposta, dando ao leitor as expressões mais usadas na escrita em inglês para qualquer situação. As expressões, portanto, agem como se fossem tijolos da língua que, quando colocados corretamente, podem ser usados em qualquer tipo de construção. Dar a alguém primeiro a casa e depois destruí-la para utilizar seus tijolos em outra casa é trabalho desnecessário.

Por que este livro?
O primeiro livro desta série, *Como dizer tudo em inglês*, fornece ao leitor a linguagem para ser usada em qualquer conversa. Mas isso é para a linguagem falada. Quando se escreve, usa-se um tipo de linguagem diferente da falada, e é essa versão de linguagem escrita que o leitor encontra neste livro.

De que maneira este livro irá me ajudar?
Ao proporcionar ao leitor as expressões que os falantes nativos frequentemente usam ao escrever, *Como escrever tudo em inglês* aponta para um novo patamar de competência escrita. Ele de fato permite que o leitor finalmente consiga se comunicar sem "sotaque" – para escrever como um nativo da língua, aumentando a probabilidade de ser entendido com mais eficácia e clareza.

Além disso, *Como escrever tudo em inglês* ajudará não somente a habilidade do aluno em escrever, como também em falar. *Como dizer tudo em inglês* é quase exclusivamente destinado à linguagem falada, mas como a linguagem escrita se caracteriza por ser um pouco mais formal, as expressões aqui contidas aumentarão a fluência do aluno nas conversas mais formais.

Como devo usar este livro?
Sempre que você precisar escrever uma carta, enviar um fax ou, simplesmente, responder a um e-mail, consulte *Como escrever tudo em inglês* e poderá construir um documento de composição natural e eloquente. Uma boa abordagem seria:
1. Esboçar uma primeira versão sozinho.
2. Reescrever usando *Como escrever tudo em inglês*.

Ao esboçar qualquer tipo de documento, o escritor pode compor seu texto e depois refiná-lo usando este guia.

Este livro complementa outros tipos de obras de referência?
Como escrever tudo em inglês é um ótimo complemento para um dicionário bilíngue e para um livro de consulta de gramática. E se você utilizar a autocorreção de ortografia no seu computador, melhor ainda. Mas, acima de tudo, *Como escrever tudo em inglês*

é um perfeito complemento para o livro *Como dizer tudo em inglês*. *Como escrever tudo em inglês* lida especificamente com a linguagem fundamental para uma boa escrita, enquanto *Como dizer tudo em inglês* é um excelente guia para a comunicação eficaz em geral. Com estas duas ferramentas, jamais houve uma combinação de materiais que pudesse levar o usuário não nativo da língua inglesa a tal nível de competência.

Introduction

What is this book designed to do?

Como Escrever Tudo em Inglês does what no other book on writing has done before: it takes the user from concept to expression. In other words, regardless of whether the purpose is to write a detailed analysis report or simply an e-mail to a good friend, *Como Escrever Tudo em Inglês* has the most common expressions used in writing and organizes them in a user-friendly, practical way.

Who is this book for?

Students, business people, globetrotters, internetters... anyone who writes, and if they need to write in English, this guide is a must-have. *Como Escrever Tudo em Inglês* works using the expressions as tools. There are many different kinds of artists who paint – but they all use the same basic materials: canvas, paint, brushes. The same could be said of good writers: they each have different styles and write with different purposes and for different audiences, but the essential choice of words that they use is very often the same. *Como Escrever Tudo em Inglês* supplies the writer with these tools to be used for nearly any kind of writing purpose.

How is this book different from other books on written correspondence in English?

Other books take an approach to composition which is in fact limiting. They provide the reader with loads of model correspondence and hope that the user can then somehow extract and piece together enough guidance from those models to produce an original document. The problem is, since these letters are already context-bound, it makes it difficult to generalize and make them applicable to other situations. *Como Escrever Tudo em Inglês* takes the opposite approach, giving the user of the book the expressions which are most often used in writing to then take and apply to whatever situation. The expressions act as kinds of bricks, which when put together properly can be used for any type of construction. To give someone a house first to then take it apart for its bricks to build another house is just unnecessary work.

Why this book?
This books' predecessor, *Como Dizer Tudo em Inglês*, gives its reader the language to help build almost any kind of conversation. But that is spoken language. When we write, we use a language style that is quite different, and that is the language the user will find in this book.

How will this book help me?
By giving the reader the expressions that native speakers commonly use in their writing, *Como Escrever Tudo em Inglês* empowers its users to a new level of writing proficiency. It in fact allows the reader to at last communicate without an 'accent,' as it were – to write as a native speaker would, and therefore to increase the probability of getting the message across in the most effective way.
In addition, *Como Escrever Tudo em Inglês* will not only help a learner's competence when writing, but also when speaking. *Como Dizer Tudo em Inglês* is nearly exclusively for language that is spoken, but as written language is often a little more formal, the expressions contained in this book will boost fluency in more formal conversation.

How do I use this book?
Anytime you need to write a letter, send a fax, or simply reply to a friendly e-mail, upon consulting *Como Escrever Tudo em Inglês*, you can begin to construct a document whose composition is natural and eloquent.

A good approach is the following:
1. Draft on your own;
2. Re-draft using *Como Escrever Tudo em Inglês*.

Using this approach, when drafting the document the writer can compose what she or he generally wants to say, and then refine it using this guide.

Does this book work with any other reference book?
Como Escrever Tudo em Inglês is an excellent companion to a bilingual English dictionary and grammar reference. It also helps if you do your writing on a computer and use a spell-checker. Most of all, *Como Escrever Tudo em Inglês* is the perfect companion to *Como Dizer Tudo em Inglês*. *Como Escrever Tudo em Inglês* deals specially with that language which is key to effective writing, and *Como Dizer Tudo em Inglês* is an excellent guide to effective communication in general. Using both of these, there has never been a combination of materials that has brought the non-native user of English to such a near-native level of proficiency.

TABELA DE PRONOMES EM INGLÊS – PORTUGUÊS

Muitas expressões neste livro têm um pronome que varia segundo o sujeito ou objeto. Na dúvida, consulte esta tabela.

Pronome sujeito	Pronome objeto	Pronome possessivo	Pronome reflexivo
eu	me	meu/minha	me
I	**me**	**my**	**myself**
você/tu	lhe/te	seu/teu	se/te
you	**you**	**your**	**yourself**
nós	nos	nosso/a; nossos/nossas	nos
we	**us**	**our**	**ourselves**
eles	lhes	seu/sua; seus/suas	se
they	**them**	**their**	**themselves**
ele	lhe	seu/sua; seus/suas	se
he	**him**	**his**	**himself**
ela	lhe	seu/sua; seus/suas	se
she	**her**	**her**	**herself**
ele/ela (coisas)	lo/la	seu/sua; seus;suas	se
It	**it**	**its**	**itself**

1

As frases mais comuns na escrita
The most common expressions in writing

Como começar	*Getting started*

Esta seção serve apenas como um guia para começar a escrever. Não é verdade que os começos de uma carta, aquelas primeiras palavras que às vezes demoram para sair, são sempre a parte mais difícil? Isso talvez ocorra porque muitas vezes uma carta serve como uma oportunidade para transmitir uma imagem boa, possivelmente a única que a pessoa vai ter. Use esta seção para ajudá-lo a começar, usando as referências da margem direita para explorar mais possibilidades ao escrever sua correspondência.

Aberturas – correspondência comercial	**Openings – business correspondence**
Caro Sr./Sra. Johnson,	Dear Mr./Ms. Johnson, *veja também "Como se dirigir às pessoas em uma carta", na página 38*
A quem possa interessar:	To Whom it May Concern:
Espero que esteja bem.	I hope you are well.
Espero que tudo esteja correndo bem.	I hope things are going well with you.
Obrigado/a pelo seu e-mail/carta.	Thank you for your e-mail/letter. *veja também "Agradecimentos e confirmações", na página 147*

Aberturas – correspondência comercial (cont.)	Openings – business correspondence (cont.)
Agradeço sua imediata resposta.	Thank you for your prompt reply.
Muito obrigado/a pela resposta.	Thanks for getting back to me.
Foi bom/um prazer falar ao telefone com você.	It was nice/a pleasure talking to you on the phone.
Desculpe-me/nos pela demora em responder.	Sorry I've/we've taken so long to get back to you. *veja também "Pedindo desculpas", na página 115*
Não pude dar atenção a seu ____ até [agora há pouco].	I haven't been able to get to your ____ until [just now].

Aberturas – correspondência pessoal	Openings – personal correspondence
Caro/Querido Stuart,	Dear Stuart,
Stuart,	Stuart,
Oi, Chris,	Hey Chris,
Olá, Chris!	Hello Chris!
Meu adorado Chris,	My lovely Chris,
Meu querido Chris,	My dearest Chris,
Meu caro amigo,	My dear friend,
Que bom ter notícias suas.	It's so nice to hear from you again. *veja também "Mantendo contato com amigos distantes", na página 121*
Gostei de ter notícias suas.	It was good to hear from you.
Me desculpe por não ter escrito há tanto tempo...	Sorry I haven't written for so long... *veja também "Após um longo período de silêncio", na página 123*
Como vai?	How are you?
Como vão as coisas?	How's it going?
Como está [Flórida]?	How's [Florida]?
Quais são as novidades?	What's new with you?
Espero que esteja tudo bem.	Hope all is well.
Espero que você esteja bem [na Califórnia].	Hope you're doing well [in California].
Espero que tenha corrido tudo bem com seu ____.	Hope your ____ went well.

Mensagens breves	Short notes
Recebi sua mensagem. Obrigado/a.	I got your message. Thanks.
Um aviso/recado sobre...	A quick note about...
Um recadinho para dizer...	A quick note to say...
Só um recado para dizer...	Just a note to say...

Mensagens breves (cont.)	Short notes (cont.)
Me ocorreu o seguinte:	Just a thought:
Só para lhe avisar/comunicar...	Just to let you know...
Só para lembrá-lo de [que o prazo...]	Just to remind you [that the deadline...]
Só para checar que...	Just to check that...
	veja também "Fazendo lembrar", na página 120
Vou escrever mais depois.	Will write more later.
Está tudo bem?	All OK?
Vou manter você informado.	I'll keep you posted.

Dizendo o propósito – correspondência comercial	Stating purpose – business correspondence
Em resposta às suas perguntas, ...	To answer your questions, ...
Como foi discutido...	As we discussed...
	veja também "Confirmando o falado por escrito", na página 116
Como foi solicitado...	As you requested...
Recebemos...	We have received...
Estou escrevendo para confirmar recebimento de...	I am writing to acknowledge receipt of...
	veja também "Agradecimentos e confirmações", na página 147
Estou escrevendo em resposta à...	I am writing in response to...
Participei, há algum tempo, de uma de suas [palestras]...	Some time ago I attended one of your [workshops]...
Estou escrevendo para expressar/dar [agradecimento/decepção/parabéns pelo...]	I am writing to express my [gratitude for/disappointment in/congratulations on...]

Dizendo o propósito – correspondência pessoal	Stating purpose – personal correspondence
Estou escrevendo para te avisar que...	I'm writing to let you know...
Só queria dar um alô e saber como vai.	Just wanted to say hello and see how you're doing.
Pensei em você [ontem] e então deu vontade de lhe escrever.	I thought of you [yesterday] and so I decided to write you.
Agradecemos sinceramente seu...	We sincerely appreciate your...
Fico contente com o convite...	I am pleased with the invitation...
	veja também "Convites", na página 129
Tenho/Temos o prazer de informá-lo que...	I/We are pleased to inform you that...
É um imenso prazer anunciar...	It is a great pleasure to announce...

Dizendo o propósito – correspondência pessoal (cont.)	**Stating purpose – personal correspondence (cont.)**
Muito obrigado/a por...	Thank you very much for...
Nossos sinceros agradecimentos...	Our most sincere gratitude for...
Fiquei/Ficamos contentes de saber que...	I/We were pleased to hear that...

Começando com assuntos positivos correspondência comercial	**Starting with positive-subjects – business correspondence**
Agradecemos sinceramente seu...	We sincerely appreciate your...
Fico contente com o convite...	I am pleased with the invitation...
	veja também "Convites", na página 129

Começando com assuntos positivos – correspondência pessoal	**Starting with positive-subjects – personal correspondence**
Obrigado/a pelos bons momentos em São Paulo.	Thanks for the good time in São Paulo.
Obrigado/a mesmo pelo...	Many thanks for the...
Por aqui vai tudo bem.	Things are going well here.
Gostei de saber que...	Glad to hear that....
Obrigado/a pela gentileza.	Thank you for your kindness.

Começando com assuntos menos agradáveis – correspondência comercial	**Starting with less positive subjects – business correspondence**
Deculpe-me pela demora em te dar retorno [mas eu tenho...]	Sorry for the delay in getting back to you [but I've been...]
Estava aguardando notícias suas [semana passada].	I was hoping to hear from you [last week].
Fiquei profundamente decepcionado com...	I was deeply disappointed in...
	veja também "Decepção", na página 140
Por favor aceite nossas sinceras desculpas por...	Please accept our sincere apologies for...
Ainda não recebemos pagamento pelo...	We have not yet received payment for...
Caso tenha efetuado pagamento, queira desconsiderar este aviso.	If you have received this notice in error, please ignore it.
Caso contrário, favor efetuar pagamento assim que possível.	If not, please remit payment at your earliest convenience.
Lamento/Lamentamos que não poderei/poderemos...	I(am)/We(are) sorry/I/we will not be able to...
	veja também "Recusando – formal ", na página 132

Começando com assuntos menos agradáveis – correspondência comercial (cont.)	**Starting with less positive subjects – business correspondence (cont.)**
Tive/Tivemos um pequeno problema com meu/nosso e-mail.	I/We had a slight problem with my/our e-mail.
Favor aceite/em nossas desculpas pelo atraso na entrega.	Please accept our apologies for the delayed delivery.
Na BTP Telecomunicações, zelamos pelo/pela...	At BTP Telecommunications, we're committed to....
Lamento que...	I'm afraid that...
Gostaria/ríamos de me/nos desculpar novamente em nome de todos os funcionários...	Again I'd/we'd like to apologize on behalf of the entire staff...
... e esperamos poder atendê-lo melhor no futuro.	... and we hope to better serve you better in the future.
... e esperamos continuar sua preferência para...	... and we hope to be able to continue being your choice for...

Começando com assuntos menos agradáveis – correspondência pessoal	**Starting with less positive subjects – personal correspondence**
As coisas estão um pouco [malucas] por aqui ultimamente.	Things have been a little [crazy] around here lately.
Fiquei triste de saber que...	Sorry to hear about...
É uma pena eu não poder estar aí para seu...	I'm sorry I can't be there for your...

Perguntas e pedidos	**Queries and requests**
Qual é a melhor data?	Which dates best suit you?
Para qual endereço gostaria que eu enviasse ____?	Which address would you like me to send ____ to?
Me conte o que acha.	Let me know what you think.
Me diga o que for melhor.	Let me know what's good for you.
Poderia me mandar as medidas?	Could you send me the dimensions?
Poderia me mandar um folheto?	Could you send me a brochure?
Poderia me mandar uma lista de preços?	Could you send me a price list?
Poderia me mandar qualquer material informativo que tiver sobre...?	Could you send me any literature you have on...?
Poderia me mandar novamente?	Can I get you to send it again?
Agradeceria se pudesse receber...	I would be most grateful to receive...
Estou interessado em seu...	I am interested in your...

Perguntas e pedidos (cont.)	Queries and requests (cont.)
Tenho muito interesse em receber [informação] sobre...	I am most interested in getting [information] on...
Favor me avisar/informar...	Please let me know...
Favor enviar...	Please send...
Favor guardar esta informação para uma referência futura.	Please keep this information for future reference.
Favor indicar sua intenção de...	Please indicate your willingness to...
Favor nos providenciar seu [número de entrega].	Please provide your [shipment number].

Referências a itens em uma carta	Referring to items in a letter
Como mencionado acima...	As I mentioned above... *veja também "Fazendo referências a seções dentro de um texto", na página 97*
Como mencionado em seu e-mail/carta...	As you mentioned in your e-mail/letter...
Enumerei abaixo...	I have listed below...
Abaixo está...	Below is...

Anexos e informações	Attachments and information
Estou/Estamos anexando...	I am/We are enclosing...
Anexo está...	Attached is...
Encontrará os itens solicitados em anexo.	You will find the items requested attached.
Suas informações sobre o hotel/voo são as seguintes:	Your hotel/flight details are as follows:
Fizemos uma reserva no [Hilton]...	We've booked you in the [Hilton]...
Favor nos informar se isto é do seu agrado.	Please let me know if that is suitable to you.
Mandei uma solicitação para...	I have submitted a request to...
Enviei-lhe o ____ via [FedEx] ontem.	I sent you the ____ by [FedEx] yesterday.
Anotei ____ e encaminharei esta informação a ____.	I have noted ____ and will pass this information on to ____.
Estarei fora do escritório e não poderei ser contactado até...	I will be out of the office and not available until...

Dando e pedindo informações	Giving and asking for information
Como vão as coisas com...?	How's it going with...?
Você ainda...?	Are you still...?
Adivinha o que aconteceu comigo [semana passada]?	Guess what happened to me [last week]?
Adivinha quem eu encontrei [ontem]?	Guess who I ran into [yesterday]?
Me mantenha atualizado quanto ao...	Keep me posted on...
Me avise por favor quando receber este [e-mail].	Please let me know when you get this [e-mail].

Encerrando – correspondência comercial	Closings – business correspondence
Espero/amos..	I/We hope...
Vou tentar te dar um retorno até...	I'll try to get back to you by...
Entrarei em contato [semana que vem].	I'll get in touch [next week].
Agradeço sua paciência.	Thanks for your patience.
Agradeço antecipadamente.	Thank you in advance.
Muito obrigado/a.	Thank you very much.
Estarei/Estaremos no aguardo por uma resposta.	I/We look forward to your reply.
Aguardo/Aguardamos uma pronta resposta.	I/We look forward to receiving your prompt reply.
Agradeceria uma confirmação do recebimento deste e-mail.	I should be grateful for acknowledgement of this e-mail.
Favor responder assim que lhe for possível.	Please respond at your earliest convenience.
Favor responder a este e-mail assim que puder. Obrigado/a.	Please respond to this e-mail as soon as you can. Thanks.
Se tiver qualquer comentário, favor...	If you have any further comments, please...
[Estou] à disposição para quaisquer perguntas...	If you have any questions, please do not hesitate to contact [me]...
Se houver algo que puder fazer, favor entrar em contato.	Any way I can be of help, please let me know.
Pode[m] me encontrar no [3721-5565]...	I can be reached at [3721-5565]...
Espero/Esperamos notícias suas.	I/We hope to hear from you soon.
Espero/Esperamos uma posição sua.	I/We will be waiting for your reply.
Estou/Estamos aguardando vê-lo em...	I/We look forward to seeing you in...
Obrigado/a pelo interesse.	Thank you for your interest.
Mande um abraço para...	Please send my regards to...

Encerrando – correspondência comercial (cont.)	Closings – business correspondence (cont.)
Mande um grande abraço para...	Send my best to...
Tudo de bom,	All the best,
Atenciosamente,/Cordialmente,	Sincerely,/Yours,/Sincerely yours, *veja também "Encerramentos cordiais", na página 43*
Felicidades,	Best wishes,

Encerrando – correspondência pessoal	Closings – personal correspondence
Bom, .../Bem, ...	Anyway, ...
Bom, preciso ir.	Well, have to go.
Não desapareça!	Don't be such a stranger!
Mantenha contato.	Please keep in touch.
Um grande abraço e a gente se fala.	A big hug to you and talk to you soon.
Foi bom ter notícias suas.	Good to hear from you.
[Inara] manda um beijo.	[Inara] sends her love.
Me dê um alô qualquer hora.	Drop me a line sometime.
Se cuida e a gente se fala.	Take care and I'll speak to you soon.
Espero que esteja bem.	Hope you're doing well.
Espero que esteja se divertindo.	Hope you're having fun.
Com muito carinho,	With best wishes,
Deus lhe abençoe,	God bless you,
Tudo de bom,	All the best,
Juízo,/Cuide-se bem,	Take care,/Take it easy,
Tchau,	Cheers,
Saudades,	Miss you,
Com amor,	Love,
Te adoro/amo,	Love you,
Com muito amor,	Lots of love,
Beijos,	Kisses,
Beijos e abraços,	Hugs and kisses,

Como se dirigir às pessoas em uma carta / How to address someone in a letter

Títulos sociais – Homens	Social titles – Men
[Caro] Sr. José de Tal,	[Dear] Mr. John Smith,
[Caro] Dr. José de Tal,	[Dear] Dr. John Smith,

Títulos sociais – Mulheres	**Social titles – Women**
Para uma mulher de estado civil desconhecido	*For unknown marital status*
[Cara] Sra. Maria de Tal	[Dear] Ms. Jane Doe,
Para mulheres solteiras	*For a single woman*
[Cara] Srta. Mariazinha de Tal,	[Dear] Miss Jane Doe,
Para mulheres casadas	*For a married woman*
[Cara] Sra. Maria de Tal,	[Dear] Mrs. Jane Smith,

Casais – Tradicional	**Married couples – Traditional**
[Caros] "Sr. e Sra. de Tal,"	[Dear] Mr. and Mrs. John Smith,
[Caros] "Sr. e Sra. de Tal,"	[Dear] Mr. and Mrs. Smith,

Casais – Contemporâneo	**Married couples – Contemporary**
[Caros] Sr. Ninguém e Sra. de Tal,	[Dear] Mr. Smith and Ms. Doe,

Sexo desconhecido	**Gender unknown**
"S. Chris Davis"	[Dear] M. Chris Davis
aqui o "S." pode significar "Sr.", "Sra." ou "Srta."	*aqui o "M." pode significar "Mr.", "Ms." ou "Mrs."*

Para desconhecido(s) em uma organização	**To unknown person(s) in an organization**
Caro Senhor/Senhora,	Dear Sir or Madam,
A quem possa interessar,	To Whom it May Concern,
Caro/a [Gerente],	Dear [Manager],
Caros Funcionários da [ABC Computers],	Dear [ABC Computers] Staff,

Oficiais de um governo	**Government officials**
O presidente dos Estados Unidos da América	**President of the United States of America**
Caro Sr. Presidente,	Dear Mr. President,
Outros presidentes – formal	**Other Presidents – formal**
Excelentíssimo,	Excellency,

Oficiais de um governo (cont.)	Government officials (cont.)
Outros presidentes – informal Caro/a Sr./Sra. Presidente,	**Other Presidents – informal** Dear Mr./Ms. President,
Premier – formal Vossa Excelência,	**Premier – formal** Excellency,
Premier – informal Caro/a Sr./Sra. Premier,	**Premier – informal** Dear Mr./Ms. Premier,
Primeiro Ministro – formal Vossa Excelência,	**Prime Minister – formal** Excellency,
Primeiro Ministro – informal Caro/a Sr./Sra. Primeiro/a Ministro/a,	**Prime Minister – informal** Dear Mr./Ms. Prime Minister,
Primeiro Ministro Britânico/Canadense – formal Senhor,	**British/Canadian Prime Minister – formal** Sir,
Primeiro Ministro Britânico/Canadense – informal Caro Sr. Primeiro Ministro,	**British/Canadian Prime Minister – informal** Dear Mr. Prime Minister,
Vice-Presidente Caro Sr. Vice-Presidente,	**Vice-President** Dear Mr. Vice-President,
Embaixador Caro/a Embaixador/a, Caro/a Embaixador/a Smith,	**Ambassador** Dear Ambassador, Dear Ambassador Smith,
Ministro de Relações Exteriores – formal Senhor, Senhora,	**Foreign Minister – formal** Sir, Madam,
Ministro de Relações Exteriores – informal Caro Ministro Smith, Cara Senhora Ministra,	**Foreign Minister – informal** Dear Minister Smith, Dear Madam Minister,
Governador/a Caro/a Governador/a Smith,	**Governor** Dear Governor Smith,

Oficiais de um governo (cont.)	Government officials (cont.)
Secretário/a de Estado Caro/a Sr./Sra. Secretário/a,	**Secretary of State** Dear Mr./Ms. Secretary,
Procurador Geral Caro/a Sr./Sra. Procurador/a Geral,	**Attorney General** Dear Mr./Ms. Attorney General,
Senador/a Caro/a Senador/a Smith,	**Senator** Dear Senator Smith,
Representante de Estado Caro/a Sr./Sra. Smith,	**State Representative** Dear Mr./Ms. Smith,
Procurador/a de Distrito Caro/a Sr./Sra. Smith,	**District Attorney** Dear Mr./Ms. Smith,
Prefeito/a Caro/a Prefeita Smith,	**Mayor** Dear Mayor Smith,

Ordens religiosas – A Igreja Católica	Religious orders – Roman Catholic
O papa Vossa Santidade,	***The Pope*** Your Holiness:/Most Holy Father,
Cardeal Vossa Eminência,	***Cardinal*** Your Eminence,
Bispo e Arcebispo Vossa Excelência,	***Bishop and Archbishop*** Your Excellency,
Monsenhor Monsenhor Reverendo,	***Monsignor*** Reverend Monsignor,
Padre Caro Padre Smith,	**Priest** Dear Father Smith,
Freira Cara Freira/Irmã,	**Nun** Dear Sister,

Ordens religiosas – a Igreja Protestante	Religious orders – Protestant
Arcebispo Vossa Eminência,	*Archbishop* Your Grace,
Bispo Reverendo/a Senhor/Senhora,	*Bishop* Right Reverend Sir:/Madam,
Arquidiácono Venerabilíssimo Senhor,	*Archdeacon* Venerable Sir,
Deão/Decano Reverendíssimo,	*Dean* Very Reverend Sir,
Padre ou Ministro Caro Reverendíssimo Smith,	*Priest or Minister* Dear Reverend Smith,

Ordens religiosas – Judaísmo	Religious orders – Jewish
Rabino Caro Rabino Smith,	*Rabbi* Dear Rabbi Smith,

Oficiais de faculdade e universidade	College and university officials
Presidente (com doutorado) Caro/a Dr./Dra. Smith,	*President (with doctorate)* Dear Dr. Smith,
Presidente (sem doutorado) Caro/a Presidente Smith,	*President (without doctorate)* Dear President Smith,
Chanceler Caro/a Dr./Dra. Smith, Caro/a Chanceler Smith,	*Chancellor* Dear Dr. Smith, Dear Chancellor Smith,
Reitor/Reitor Assistente Caro/a Dr./Dra. Smith, Caro/a Reitor/a Smith,	*Dean/Assistant Dean* Dear Dr. Smith, Dear Dean Smith,
Professor Caro/a Dr./Dra. Smith, Caro/a Professor/a Smith,	*Professor* Dear Dr. Smith, Dear Professor Smith,

Oficiais militares	Military officials
General Caro/a General Smith,	*General* Dear General Smith,
Almirante Caro/a Almirante Smith,	*Admiral* Dear Admiral Smith,
Coronel/Tenente-Coronel Caro/a Coronel Smith,	*Colonel/Lieutenant Colonel* Dear Colonel Smith,
Major Caro/a Major Smith,	*Major* Dear Major Smith,
Capitão Caro/a Capitão Smith,	Captain Dear Captain Smith,
Tenente Caro/a Tenente Smith,	*Lieutenant* Dear Lieutenant Smith,

Encerramentos cordiais	Polite closes

A regra aqui é: quanto mais intimidade entre o escritor da carta e o destinatário, mais liberdade pode-se ter ao encerrar. Isto quer dizer que, ao escrever para um amigo de confiança, não é necessário seguir os velhos modelos de sempre. O próprio autor às vezes usa encerramentos do tipo *Keep smiling* ("Continue sorrindo"), *A big bear hug* ("Um grande abraço de urso") e *Missing you loads* ("Morrendo de saudades").

Exemplo de uso:

Dear Sandy,

Thank you for your quick response.

I think that the best option for us is to go with the original idea, with the more open layout. It seems to me that if we go with the second option many people will not really want to use it.

Anyway, send me the complete report and we'll come to a final decision by next week.

Best wishes,

Jerry

Cara Sandy,

Obrigado pela rapidez da resposta.

Acredito que a melhor opção para nós seja ficar com a ideia original, com o layout mais aberto. Parece-me que se escolhermos a segunda opção, muitas pessoas não vão querer usá-la.

De qualquer forma, mande-me o relatório completo e tomaremos uma decisão até semana que vem.

Tudo de bom,

Jerry

Encerramentos cordiais (cont.)	Polite Closes (cont.)
Gerais	**General**
Sinceramente,	Sincerely,/Sincerely yours,/Very sincerely yours,
Atenciosamente,	Cordially,
Sem mais,/Sem mais para o momento,/ Grato(s),/Grato(s) pela atenção,	Faithfully,/Faithfully yours,/ Yours faithfully,/Cheers,
Mais formais	**More formal**
Respeitosamente,	Respectfully,/ Respectfully yours,
Menos formais	**Less formal**
Lembranças,	Kind regards,/With all kind regards,/ Warm regards,/Best regards,
Tudo de bom,	Best wishes,/With best wishes,/ All the best,/Best,
Pessoais	**Personal**
Carinhosamente,	Love,/Affectionately,/Yours affectionately,/ Fondly,
Com muito carinho,	Lots of love,

Pessoais (cont.)	Personal (cont.)
Com todo amor,	With all my love,
Te amo,	Love you,
Com muito amor,	Lovingly,/Lovingly yours,
Sempre seu,	Devotedly,/As always,/As ever,
Abraços,	Hugs,
Beijos e abraços,	Hugs and kisses,
Seu amigo,	Your friend,
Cuide-se,	Be well,
Deus te abençoe,	God bless,/God bless you,
Saudades,	Miss you,
Até a próxima,	Until next time,

Assumindo uma postura ao escrever — Adding attitude to your writing

O propósito desta seção é simples: não parecer um robô ao escrever em inglês. Pois o ato, ou melhor, *a arte* de escrever não é somente um processo de colocar puros fatos em um pedaço de papel. Na verdade, ao escrever qualquer coisa, a pessoa lerá *você* nas palavras também. As frases nesta seção ajudarão nesse processo.

Exemplo de uso:

Carol Pedroso
Rua Sete de Setembro, 1234
Belo Horizonte, MG 01234-000
Brazil

August 24, 2001

Cheapo Air
Customer Service Department
P.O. Box 1000
Dallas, TX 75222
USA

To Whom it May Concern:

I am writing to express my disappointment in the service I received from your airline during flight number 345 from Rio de Janeiro to Los Angeles.

Given that I am a regular customer of your airline, *it stands to logic that* I should be given at least decent treatment. *Unfortunately*, decent treatment was definitely not what I received from your airline.

It should come as no surprise, therefore, that I have decided to no longer use your airline for my business travel. *The fact is,* I believe I deserve to be recognized as an important customer and, *to be honest*, using your airline I feel like I should feel lucky to be your customer. *There is no excuse for* the treatment I have received.

Frankly, I now believe that your airline truly lacks professionalism, and, *to put it bluntly*, has the worst customer service of any company I have ever dealt with. *As far as I am concerned*, there is nothing that your airline can do now to reconcile what you have done, but I do believe some form of apology is in order. *I leave* how you choose to apologize *up to you*.

Sincerely,

Carol Pedroso

Carol Pedroso
Rua Sete de Setembro, 1234
Belo Horizonte, MG 01234-000
Brasil

24 de agosto de 2001

Linhas Aéreas Baratonas
Departamento de Atendimento ao Consumidor
Caixa Postal Boxe 1000
Dallas, TX 75222
EUA

A Quem Interessar Possa,

Venho por meio desta expressar minha decepção com o serviço recebido de sua empresa durante o voo número 345, Rio – Los Angeles.

Já que sou cliente habitual de sua empresa aérea, parece lógico que vocês deveriam me dispensar um tratamento, no mínimo, decente. Infelizmente, tratamento decente não foi o que recebi de sua empresa.

Portanto, não será surpresa o fato de eu ter decidido não mais usar seus serviços para minhas viagens comerciais. Acontece que eu acredito que mereço ser reconhecida como uma cliente importante e, para ser sincera, ao usar os serviços de sua empresa, sinto-me como se fosse um privilégio ser sua cliente. É imperdoável o tratamento que recebi.

Francamente, creio que sua empresa aérea não tem profissionalismo algum e, sem meias-palavras, tem o pior atendimento ao consumidor entre todas as companhias com que já trabalhei. No que me diz respeito, não há nada que sua empresa possa fazer para compensar o que vocês fizeram, mas acho que vocês me devem algum tipo de desculpas. Como se desculpar, fica por conta de vocês.

Sinceramente,

Carol Pedroso

Assumindo uma postura ao escrever	Adding attitude to your writing
Ironia	**Irony**
Ironicamente, ...	Ironically, ...
Estranhamente...	Funny enough, ... AmE/Funnily enough, ...BrE
Já dá pra adivinhar o que aconteceu, né?...	And wouldn't you know it?...(*informal*)
Surpresa	**Surprise**
Surpreendentemente,	Surprisingly,
Para minha/nossa surpresa,	To my/our amazement,
Você não quer dizer que...	Surely, you are not saying...
Arrependimento	**Regret**
Lamentavelmente,	Regretfully,
Infelizmente,	Unfortunately,
Infelizmente,	Sadly,
Lamento/É embaraçoso admitir que...	I am afraid/ashamed to admit that...
Insistência	**Insistence**
Quero esclarecer de uma vez por todas que...	Let me be absolutely clear in saying that...

Insistência (cont.)	Insistence (cont.)
Não posso deixar de enfatizar que...	I cannot stress enough the fact that...
Devo insistir que...	I really must insist that...

Certeza	Certainty
Indubitavelmente, .../ Sem dúvida alguma, ...	Doubtlessly, ...
..., sem dúvida, ...	..., no doubt, ...
Sem sombra de dúvida...	Without any doubt, ...
Acontece que...	The fact is, ...
Não há dúvida...	There is no question...
Posso afirmar com toda a certeza que...	I can say in all certainty that...
Quer seja [militar] ou [polícia federal], ...	Be it/they [military] or [federal police], ...

Lógica	Logic
Adequadamente, ...	Fittingly, ...
Logicamente, ...	Logically, ...
É claro, ...	Of course, ...
Portanto, ...	Therefore, ...
Uma vez que...	Since...
Já que...	Given that...
Como pode-se imaginar, ...	As one could have imagined, ...
Como era de se esperar, ...	As could be expected, ...
Não chega a surpreender/Não é de estranhar/Já era de se esperar que...	It should come as no surprise that...
Parece apropriado que...	It seems fitting that...
Parece lógico que...	It stands to logic that...
Naturalmente, ...	Naturally, ...

Alívio	Relief
Graças a Deus...	Thank God...
Você não faz ideia de como eu fiquei/nós ficamos aliviados de saber que...	You have no idea how relieved I was/we were to hear that...
Que alívio foi descobrir que...	What a relief it was to learn that...
Fico/Ficamos muito contente(s) em saber disso...	I am/we were very happy to hear that...
Bem, essa foi por pouco! (informal)	Well, that was a close one! (informal)
Fico/Ficamos contente(s) que tudo tenha dado certo.	I am/we were glad everything turned out all right.
De minha parte, fico muito aliviado (que...)	I, for one, am very relieved (that...)

Sinceridade	Sincerity
Para ser franco, ...	To be honest, ...
Sendo bem honesto com você, ...	To be quite honest, ...
Devo admitir...	I must admit, ...
É com toda a sinceridade do mundo que eu digo...	I mean it in all sincerity when I say...
..., e eu estou sendo totalmente sincero quando eu digo...	..., and I am being entirely honest when I say...
Posso dizer com toda honestidade que...	I can say in all honesty that...

Hesitação	Hesitation
Não dá para dizer com certeza que...	I hesitate to say that...
Não estou totalmente seguro/ Não tenho muita certeza, mas...	I am not entirely certain, but...
Para ser sincero, ...	To be honest, ...
Gostaria de poder dar uma resposta mais precisa, no entanto...	I wish I could give a more definitive answer, however...

Afeição	Tenderness
Quero que você se convença de que...	I want you to feel assured that...
Saiba que...	Please know that...
Não importa o que aconteça, ...	No matter what, ...

Empatia	Empathy
Entendo perfeitamente (você/sua posição).	I understand (you/your position) completely.
Não é só você que diz que...	You are not alone when you say that...
Pode crer, eu sei... (informal)	Believe me, I know... (informal)

Escrevendo com autoridade	Authority
Pela minha experiência, ...	Speaking from experience, ...
Eu sei o que digo quando falo que...	I know what I am talking about when I say that...
Falando profissionalmente, ...	Professionally speaking, ...
Falando com um certo conhecimento de causa, ...	Speaking as somewhat of an authority on this matter, ...

Escrevendo com autoridade (cont.)	Authority (cont.)
Na verdade eu já tenho uma certa experiência nessa área.	I have had some experience in this area, as a matter of fact.
Esse é um assunto que não é nenhuma novidade para mim.	This is a subject which is not entirely new to me.
Até que estou bastante familiarizado com...	I am actually quite familiar with...
Com a experiência que tenho em...	Speaking as someone who has had some experience with...

Falta de conhecimento	Lack of authority
Não sou nenhum especialista, mas...	I am no expert, but...
Não posso garantir/dizer com certeza, mas...	I cannot say for sure, but...
Receio que eu não seja a pessoa mais indicada para se perguntar a respeito desse assunto.	I'm afraid I'm really not the person to ask about this matter.
[Bioquímica] não é uma das minhas especialidades, mas pelo que sei...	[Biochemistry] is not really one of my stronger areas, but from what I know...
Pelo que sei, ...	As far as I know, ...
Não que eu seja uma autoridade no assunto ou coisa parecida, ...	Not that I am an authority on the matter or anything, ...

Convicção	Conviction
Indubitavelmente, .../ Sem dúvida alguma, ...	Doubtlessly, ...
Certamente, ...	Surely, ...
Sem sombra de dúvida, ...	Without any doubt, ...
Estou falando sério quando digo...	I am being most serious when I say...
Tenho que deixar muito claro que...	I must make it absolutely clear that...
Não tenho dúvida nenhuma de que...	I have no doubt that...

Ambivalência	Ambivalence
No que me diz respeito, ...	As far as I am concerned, ...
Não dá para dizer que eu tenha algum tipo de preferência em termos de...	I cannot really say that I have any particular preference in terms of...
Não tenho nenhuma preferência em termos de...	I have no real preference in terms of...
Eu deixo [a escolha da cor] por sua conta.	I leave [the choice of color] up to you.

Discrição	Discretion
Cá entre nós, ...	Just between us, ...
Extra oficialmente, ...	Off the record, ...
Não que eu vá admitir isso publicamente, ...	Not that I would admit this publicly, ...
Por favor, que isso fique entre quatro paredes por enquanto.	Please keep this under wraps for the time being.
Não que isso seja algum grande segredo, mas eu prefiro que isso fique entre você e [mim] por enquanto.	Not that it is any big secret, but I would rather just keep this between you and [me] for now.
É fundamental que ninguém fique sabendo disso.	It is imperative that word of this not get out.
Devo ressaltar que isso é assunto da máxima discrição.	I must stress that this is a matter of utmost discretion.

Franqueza	Frankness
Para ser sincero, ...	To be honest, ...
Francamente, ...	Frankly, ...
Sejamos honestos: ... (informal)	Let's be honest: ... (informal)
Sem meias-palavras, ...	To put it bluntly, ...

Felicidade	Happiness
É simplesmente maravilhoso que...	It is absolutely wonderful that...
Eu não poderia ter ficado mais feliz que...	I couldn't be more glad that...
De minha parte, fico muito feliz...	I, for one, am very happy that...

Tristeza	Sadness
Infelizmente, ...	Sadly, ...
Entristece-me profundamente saber/ouvir que...	It saddens me to know/hear that...
Infelizmente, ...	Unfortunately, ...

Admiração	Admiration
Puxa!/Uau!/Nossa! (informal)	Wow! (informal)
Tenho de admitir/reconhecer que...	I must admit, ...
Sou obrigado/a a dar a mão à palmatória, ...	I must hand it to you, ...
Você está de parabéns pelo seu...	You are to be commended for your...

Respeito	Respect
Com todo o respeito, ...	With all due respect, ...
É uma grande honra...	It gives me great honor[AmE]/honour[BrE] to...
Por favor, não me leve a mal, ...	Please do not take this the wrong way, ...

Raiva	Anger
Não tem/tinha desculpa por...	There is/was no excuse for...
... é/foi imperdoável.	...is/was inexcusable.
Para dizer o mínimo, eu estou meio decepcionado/chateado com...	To say the very least, I am a little disappointed in/upset about...
Já era de se esperar que...	It should come as no surprise that...

Decepção	Disappointment
Para minha decepção, ...	Disappointingly, ...
Infelizmente, ...	Unfortunately, ...
Você, mais do que qualquer pessoa, deveria saber que...	You of all people should know that...
Fiquei meio decepcionado com [o serviço], para falar a verdade.	I was a little disappointed in the [service], to be honest.
Francamente, fiquei muito decepcionado/surpreso que...	Frankly, I was quite disappointed/surprised that...
..., foi como uma ducha de água fria.	...., was somewhat of a letdown.

Inveja	Envy
Que sorte!/Sortudo você, hein? (informal)	Lucky you! (informal)
Tem gente que nasceu virado para a lua. (informal)	Some people have all the luck. (informal)
Quem dera eu pudesse dizer o mesmo...	I wish I could say the same...

Confusão	Confusion
Receio que não tenha ficado muito claro a respeito de...	I'm afraid I'm not entirely clear on...
Só para confirmar: ...	Just to confirm: ...
Me corrija se eu estiver errado, ...	Am I right in saying that...

Cuidado	Caution
Um aviso: ...	A word of warning: ...
Só para seu conhecimento, ...	Just so you know, ...
Por favor, fique avisado de que...	Please be advised that...
Acho que você deve saber de antemão que...	I think you should know beforehand that...

Curiosidade	Curiosity
Só por curiosidade, ...	Just out of curiosity, ...
Não querendo ser xereta, mas...	Not to pry, but...
Se você não se importa que eu pergunte, ...	If you don't mind my asking, ...
Tem uma coisa que eu estou doido para saber: ... (informal)	There's something I've been dying to know: ...(informal)

Insistência	Insistence
Tenho que insistir que...	I must insist that...
Só para frisar/reiterar, ...	Just to reiterate, ...
Receio que eu tenha que enfatizar que...	I am afraid I must stress that...

Tranquilização	Reassurance
Fique tranquilo...	Rest assured, ...
Por favor convença-se de que...	Please be assured that...
O pior que pode acontecer...	If worst comes to worst^{AmE}.../ If the worst comes to the worst^{BrE}...
Não se preocupe, ...	Not to worry, ...
Eu aprecio/Nós apreciamos sua preocupação, porém...	I/We appreciate your concern, however...

Acrescentando detalhes sobre pessoas, coisas e lugares	Adding details about people, things and places

Exemplo de uso:

San Francisco, *which* lies in the northern part of California, is considered one of the most popular tourist destinations in the United States. It is the city *where* hippies became famous, *where* earthquakes are commonplace and *in which* nearly 800,000 inhabitants live climbing and descending zig-zagging tree-lined hills.

The san franciscans, *who* are of all sorts of fun and funny backgrounds and *whose* ethnic categorization would be a challenge to even the most thorough of census takers, pride themselves in being the "elite" of the Californian cities, considering their Angelino neighbors to the south a somehow culturally inferior geological anomaly.

São Francisco, que fica na região norte da Califórnia, é considerada um dos destinos turísticos mais populares dos Estados Unidos. É a cidade onde os hippies ficaram famosos, onde terremotos são coisa banal e na qual quase 800.000 habitantes vivem subindo e descendo montes arborizados sinuosos.

Os são-franciscanos, que têm os mais engraçados tipos de origens e cuja categorização étnica seria um desafio até mesmo para o melhor recenseador, se orgulham de ser a "elite" das cidades californianas, considerando os vizinhos los angelinos ao sul, de certa forma, uma anomalia geológica culturalmente inferior.

Acrescentando detalhes sobre pessoas, coisas e lugares	Adding details about people, things and places
Pessoas	**People**
[John], que [trabalha para IPM]...	[John], who [works for IPM], ...
[Maria], cujo [inglês é perfeito], ...	[Maria], whose [English is perfect], ...
[Andrea], [com] quem [John mora]...	[Andrea], [with] whom [John lives], ...
[Sandra], de 22 anos, ...	[Sandra], 22, ...
[Ken], um amigo meu, ...	[Ken], a friend of mine, ...

Coisas e lugares (cont.)	Things and places (cont.)
[Recife], que [é a capital de Pernambuco], .../ [Recife], [capital de Pernambuco], ...	[Recife], which [is the capital of Pernambuco], .../[Recife], [capital of Pernambuco], ...
[Jaboatão], [a cidade] na qual [Tatiana nasceu]...	[Jaboatão], [the city] in which [Tatiana was born], ...
[Salvador], onde [a conferência foi realizada], ...	[Salvador], where [the conference was held], ...
[A capital] que [eu prefiro] é [Florianópolis].	[The capital] that [I prefer] is [Florianópolis].
[John é] aquele que [fala italiano].	[John is] the one that [speaks Italian].
[Romeu e Julieta], no qual [Shakespeare descreve o amor proibido de...], ...	[Romeo and Juliet], in which [Shakespeare describes the forbidden love of...], ...

Acrescentando	Adding

Exemplo de uso:

Miguel Alvarado
Avenida dos Tapurás, 4321
Ribeirão Preto, SP 04321-000
Brazil

January 9, 2002

Conrad Hayes
ILP Language Center
14 Powers Street
San Francisco, CA 91234
USA

Dear Mr. Hayes:

I just wanted to say how very impressed I was with the intensive English course I took last month. It really exceeded all my expectations. *Not only is the course useful, it is* a real bargain. It had everything: good teachers, good material, nice students...

Moreover, I now feel I can really speak English fluently, *plus* write e-mails and faxes – *not to mention* letters to my good friends there at ILP!

Thanks so much!

Best wishes,

Fernanda Oliveira

Miguel Alvarado
Avenida dos Tapurás, 4321
Ribeirão Preto, SP 04321-000
Brasil

9 de janeiro de 2002

Conrad Hayes
ILP Language Center
14 Powers Street
San Francisco, CA 91234
USA

Caro Sr. Hayes,

Apenas gostaria de dizer como fiquei impressionado com o curso intensivo de inglês que fiz mês passado. Realmente superou todas as minhas expectativas. Não só o curso é muito útil como também é uma pechincha. Teve de tudo: bons professores, bom material, alunos legais... Além do mais, agora eu sinto que falo inglês fluentemente, além de escrever e-mails e faxes – sem mencionar as cartas aos meus amigos lá do ILP!

Muito obrigada!

Tudo de bom,

Fernanda Oliveira

Acrescentando	Adding
Adicionalmente, ...	Additionally, ...
Além disso, ...	In addition, ...

Acrescentando (cont.)	Adding (cont.)
[Ele/s] também [precisa/m trabalhar]	[He/They] too [needs/need to work]
..., que é também o caso de...	..., as is also the case with.../, as is true of...
Da mesma forma, ...	Likewise, ...
Igualmente [faz/fazem/fez]...	So too [do/does/did]...
..., assim como...	..., as well as...
..., na/no qual...	..., in which...
..., [um/uns poucos/alguns/muitos/a maioria] dos quais...	..., [one/a few/ some/many/most] of which...
..., [um/uns poucos/alguns/muitos/a maioria] de quem...	..., [one/a few/some/many/most] of whom...
E ainda...	Plus, ...
... e [mais barato], no caso.	... and [cheaper], for that matter.
Além do mais...	Moreover, ...
Além do que...	Furthermore, ...
E mais ainda, ...	What's more, ... *menos formal*
... sem mencionar...	..., not to mention....
[John jogou baseball] como fez [Mary].	[John played baseball], as did [Mary].
Não somente é [ela] [uma professora], [ela] também...	Not only is [she] [a teacher], [she] also...
Não apenas [ele] [ganhou] mas...	Not only did [he] [win], but...
[Ele] não só fez [de boa vontade], mas...	[He] did so not only [willingly], but...
Não apenas por razões [financeiras] mas por razões [práticas] também	Not only for [financial] reasons, but for [practical] reasons as well
Para [complicar as coisas] mais ainda, ...	To further [complicate matters], ...
E como se não fosse o suficiente...	And as if that weren't enough, ...

Organizando os fatos cronologicamente	Putting facts in chronological order

Exemplo de uso:

At the very beginning, it wasn't easy. Not at all. *From the outset*, I knew that I was in for a long, trying period of my life. *In the months following* the divorce, I cried more than I laughed, I was more asleep than awake, I thought more about the past than the future. *By the time* Diana came into my life, I had died and was born again. *Within six months*, I had discovered true love once more — perhaps for the first time in my life, in fact. She brought to me what...

No começo não foi nada fácil. Nem um pouco. Logo de cara eu soube que iria passar por um longo período de provação na minha vida. Nos meses seguintes ao divórcio, eu chorei mais do que ri, dormi mais do que fiquei acordado, pensei mais no passado do que no futuro. Quando Diana apareceu na minha vida, eu havia morrido e renascido. Dentro de seis meses eu havia, mais uma vez, descoberto o amor verdadeiro – talvez pela primeira vez na vida, para falar a verdade. Ela me trouxe o que...

Organizando os fatos cronologicamente (cont.)	Putting facts in chronological order (cont.)
Primeiramente, ...	First of all, ...
Desde o princípio, ...	From the outset, ...
(logo) no começo, ...	At the (very) beginning, ...
já em [1872]...	as early as [1872]...
No (início/meio/fim) dos anos 1980...	In the (early/mid/late) 1980s...
nos dias/meses/anos (anteriores/seguintes) ao [divórcio], ...	in the days/months/years (prior to/ following) [the divorce], ...
por volta de [1998], [Mary] tinha [terminado]...	by [1998], [Mary] had [finished]...
na hora que [chegamos], [John] já tinha [ido embora]	by the time [we arrived], [John] had already [left]
dentro de [um ano]...	within [a year]...
após [a Guerra Civil], ...	following [the Civil War], ...
logo após a/ao [minha chegada], ...	shortly following [my arrival], ...
com o tempo, ...	eventually, ...
[três] anos depois...	[three] years later...
um bom tempo depois...	long after...
no período de [dez anos]	over the span of [ten years]

Expressando frequência	Expressing frequency

Exemplo de uso:

My Dearest Tati,

I can't remember the last time I felt this way. My heart is soaring! *It's a rare occasion when* I listen to a love song on the radio and think of someone. Just this morning I was listening to our song *over and over again*, remembering the sunset we shared together at the beach.

I can't wait to see you again.

Love,

Ronaldo

Caríssima Tati,

Já não me lembro quando foi a última vez que me senti assim. Meu coração está nas alturas! É raro quando eu escuto uma música romântica no rádio e penso em alguém. Hoje de manhã mesmo eu fiquei escutando a nossa música um montão de vezes, lembrando o pôr do sol que passamos juntos na praia.

Não vejo a hora de vê-la de novo.

Com amor,

Ronaldo

Expressando frequência (cont.)	Expressing frequency (cont.)
nunca	never
quase nunca	almost never
você quase nunca [a] vê [se exercita]ndo	you almost never see [her] [exercising]
é uma ocasião tão rara quando...	it's a rare occasion when...
é um dia especial mesmo quando...	it is a special day indeed when...
Eu não consigo lembrar a última vez que...	I can't remember the last time...
[Ele] raramente [vai para a praia]	[He] rarely [goes to the beach]
em certas ocasiões [ela consegue ser um saco!]	at times [she can be a pain!]
[eu me exercito] com certa frequência	[I exercise] quite often
às vezes	sometimes
de vez em quando	once in a while
uma vez ou outra	once in a great while
esporadicamente	sporadically

Expressando frequência (cont.)	Expressing frequency (cont.)
com (uma certa) regularidade	(fairly) regularly
em intervalos regulares	at regular intervals
na maioria das vezes	as often as not
metade do tempo	half of the time
com frequência	often
muitas vezes...	many times...
grande parte do tempo	most of the time
toda oportunidade	at every opportunity
sempre que te[nho] chance...	every chance [I] get...
uma vez por [dia]	once a [day]
duas vezes por [ano]	twice a [year]
[três] vezes por [semana]	[3] times a [week]
todo [dia]	every [day]
[sábado] sim, [sábado] não	every other [Saturday]
mais e mais frequente	more and more often
repetidamente	over and over (again)
frequentemente	frequently
quase/bastante frequentemente	quite/very frequently
quase sempre...	almost always...
invariavelmente	invariably, ...
nove entre dez vezes	nine times out of ten...
[trinta segundos] de cada vez	[thirty seconds] at a time
[o tempo] sempre está [quente]	[the weather] is always [warm]
(quase) todo o tempo	(almost) all the time
sem falhar	without fail
religiosamente	religiously

Introduzindo histórias e anedotas	Introducing an anecdote

Exemplo de uso:

Business travel can even be fun on occasion.

Once I was on a flight from Chicago to Los Angeles and I met a man who had been accidentally downgraded from first class to where I was, in economy. He turned out to be one of my favorite suspense novel writers of all time. But how I found this out is the fun part.

The dinner service on the plane had just started and...

Viagens a negócios até que podem ser divertidas às vezes.

Uma vez eu estava num voo de Chicago a Los Angeles e conheci um cara que tinha sido rebaixado, acidentalmente, da primeira classe para onde eu estava, a econômica. Vim a descobrir que ele era um dos meus escritores de suspense favoritos de todos os tempos. Mas como eu descobri isso é a parte mais engraçada.

O serviço de bordo tinha acabado de começar e...

Introduzindo histórias e anedotas	Anecdote
Me lembra uma vez que...	I am reminded of one time when...
Me vem à mente...	It calls to mind...
Uma vez eu estava...	Once I was...
É como aquela vez...	It's like the time...
Uma vez...	One time...

Contando histórias	Storytelling

Exemplo de uso:

I'll never forget the time I was in a supermarket line in London with a friend of mine from Bahia. We were both speaking in Portuguese and assumed we were essentially unintelligible to the busy shoppers all around us. But *there was this* woman wearing an entirely pink outfit in front of us who was just begging for commentary, so my Bahian friend and myself dived in to indulge.

We chuckled and laughed heartily at her pink shoes, her pink socks, her pink sweater and pink hair ribbon. She was a Barbie-esque nightmare. *I kept noticing*, however, that she would turn around to look at us. Finally, *at one point* she said, in Portuguese, “Well, I'm happy I'm giving you so much entertainment in this boring line!”

Can you imagine? How was I supposed to know she was Brazilian? I can't remember anyone that I knew back home with such poor taste, but anyway, *I learned my lesson*.

Nunca vou esquecer a vez que eu estava em um supermercado em Londres com um amigo da Bahia. Nós dois estávamos falando português e éramos essencialmente ininteligíveis para os compradores ocupados à nossa volta. Mas havia uma mulher na nossa frente usando uma roupa, inteiramente cor-de-rosa, como que implorando para ser comentada, então meu amigo baiano e eu caímos matando e nos esbaldamos.

Tiramos sarro dos sapatos cor-de-rosa dela, das meias rosas, da blusa cor-de-rosa e da fita cor-de-rosa no cabelo. Ela era um pesadelo Barbie. Mas percebi que ela de vez em quando dava uma olhadas para a gente. Finalmente teve uma hora que ela disse em português: "Bom, fico feliz por entretê-los tanto nessa fila chata!"

Dá para imaginar? Como é que eu ia saber que ela era brasileira? Não me lembro de ninguém no Brasil com gosto tão duvidoso, mas de qualquer forma, aprendi a lição.

Contando histórias (cont.)	Storytelling (cont.)
Já contei o que aconteceu...	Did I ever tell you what happened...
Nunca vou me esquecer quando...	I'll never forget the time...
Você não vai acreditar no que aconteceu...	You're not going to believe what happened...
Você deveria ter (visto)...	You should've (seen)...
Quer dizer...	I mean...
Um dia desses/Outro dia...	The other day...
Isso foi (em 1998)...	This was (in 1998)...
Eu estava em...	I was in/at...
Estava a caminho de...	I was on my way to...
Estava voltando de...	I was coming back from...
Tinham me pedido para...	I had been asked to...
Havia um...	There was this...
Percebi...	I noticed...
Fiquei reparando...	I kept noticing...
Em algum momento...	At one point...
Então eu...	And so I...
E então...	So then...
Então eu disse...	So I said...
Aí o cara/a mulher disse...	And this guy/woman said...
Nisso...	Just then...
E de repente...	And suddenly...
Bem quando isso aconteceu...	Right when that happened...
Do nada...	From out of nowhere...

Contando histórias (cont.)	Storytelling (cont.)
Aconteceu tão rápido.	It happened so fast.
Na época eu...	At the time I...
E aí, então, me toquei (de que as chaves estavam no carro).	And then it hit me: (my keys were in the car).
Fiquei (chocado).	I was (shocked).
E pensei comigo...	And I thought to myself: ...
E por algum motivo...	And for some reason...
E você sabe como é quando...	You know how when...
Dá para acreditar?	Can you believe that?
Dá para imaginar?	Can you imagine?
Você pode imaginar como eu me senti?	Can you imagine the way I felt?
Na hora, me pareceu uma boa ideia.	It seemed like a good idea at the time.
Como é que eu iria saber...?	How was I supposed to know...?
Então, lá estou eu, no meio d(a)...	So here I am, in the middle of...
A pior parte foi..	The worst part is...
E para piorar...	To make mattes worse...
E ainda por cima...	Then on top of that...
Não teria sido tão ruim, não fosse...	That wouldn't have been so bad, except...
Então, finalmente...	So, finally...
Por sorte...	Luckily/As luck would have it...
Estava começando a me sentir...	I was beginning to feel...
... o que, por sinal, ...	... which, by the way, ...
É claro que eu...	Of course I...
Felizmente...	Fortunately, ...
Por mera coincidência...	Just out of pure coincidence...
E então, como num passe de mágica...	And then, as if by magic...
E então, por um milagre...	And then, by some miracle...
E quando eu pensei que...	And just when I thought...
Se não fosse por..., eu teria...	If it hadn't been for ____ , I would have...
Eu não acreditei.	I couldn't believe it.
Eu juro por Deus...	I swear to God...
Se eu não tivesse visto com meus próprios olhos, não teria acreditado.	If I hadn't seen it with my own eyes I wouldn't have believed it.
Parecia uma cena de novela.	It was right out of a movie.
Hoje é engraçado, mas na época...	It's funny now – looking back. But at the time...
Aprendi a lição.	I learned my lesson.
No final, ...	In the end, ...
Moral da história: ...	Moral of the story: ...

Relatando falas e ações — Reporting

Exemplo de uso:

Overall, the meeting went very well.

The meeting opened at 9:45 am with the issue of whether or not the opening of the Piedade branch should be delayed until the beginning of next month.

Linda Anderson expressed concern that we would be getting a late to start on the Christmas season. *Cecilia Leonardo agreed*. *According to Cecilia*, we are presently experiencing a drop in sales and to put off the opening any longer could do permanent damage to the organization.

It has been decided that the opening should occur this week, as scheduled.

The next order of business was...

De maneira geral, a reunião foi muito bem.

A reunião começou às 9:45 da manhã com o assunto da conveniência ou não da abertura da filial de Piedade ser adiada para o começo do mês que vem.

Linda Anderson expressou preocupação já que chegaríamos tarde para a temporada do Natal. Cecília Leonardo concordou. De acordo com Cecília, estamos passando atualmente por uma queda nas vendas, e qualquer adiamento na abertura poderia acarretar sérios prejuízos para a organização.

Decidiu-se que a abertura ocorrerá esta semana, como agendado.

A ordem comercial seguinte foi...

Relatando falas e ações	Reporting
Relatando falas	**Reporting speech**
[John] disse (que)...	[John] said (that)...
[Mary] disse para [John] (que)...	[Mary] told [John] (that)...
[Mary] disse para [John] [ligar mais tarde].	[Mary] told [John] to [call back later].
[John] sentiu que...	[John] felt that...
[Mary] por acaso mencionou (que)...	[Mary] happened to mention (that)...
[John] parece ter sentido que...	[John] seemed to feel that...
[Mary] me garantiu que...	[Mary] assured me that...
[John] quis esclarecer que...	[John] wanted to clarify that...
[Mary] expressou [preocupação] que...	[Mary] expressed [concern] that...
[John] deixou (absolutamente) claro de que...	[John] made it (absolutely) clear that...
[John] não deixou dúvida (alguma) que...	[John] left no/little doubt that...
... em [suas] palavras, "[absolutamente perfeito]".	... in [his] words, "[absolutely perfect.]"
... foi uma vez pego dizendo...	... was once heard saying...
... citando [Shakespeare], "[O mundo inteiro é um palco]".	... to quote [Shakespeare], "[All the world's a stage]."
... como diria [Schwarzenegger], "[Eu voltarei]".	... borrowing a line from [Schwarzenegger], "[I'll be back]."
..., observando que...	..., noting that...
..., destacando que...	..., pointing out that...
..., dizendo que...	..., saying that...
De acordo com [John], ...	According to [John], ...
... e assim por diante.	... and so on.
comentou (sobre/a respeito)...	commented (on)...
tocou (rapidamente) n[o]...	touched (briefly) on...
mencionou (que)...	mentioned (that)...
indicou (que)...	indicated (that)...
defendeu (que)...	argued (that)...
ressaltou/destacou (que)...	stressed (that)...
enfatizou (que)...	emphasized (that)...
admitiu (que)...	admitted (that)...
negou (que)...	denied (that)...
confessou (que)...	confessed (that)...
concluiu (que)...	concluded (that)...
intimou (que)...	intimated (that)...
(meio que) insinuou (que)...	(kind of) hinted (at)...
gabou-se de...	boasted (that)...
sussurou	whispered

Relatando falas (cont.)	Reporting speech (cont.)
murmurou	murmured
gritou	yelled
balbuciou	said under [his/her/their] breath
ameaçou...	threatened to...
deixou escapar que...	blurted out that...

Relatando ações	Reporting actions
..., permitindo que [o negócio] [cresça].	..., allowing [the business] to [grow].
O que se seguiu foi (absolutamente) [inacreditável].	What followed was (absolutely) [amazing].
... agiu de acordo.	... acted accordingly.
demorou um tempo, mas finalmente...	it took some time, but eventually...
Da mesma forma, ...	Likewise, ...
Quase que da mesma maneira, ...	In much the same fashion, ...
O que [ele] fez foi...	What [he] did was...
[Ela] daí começou a/ passou a...	[She] then proceeded to...
Enquanto estava/m [eles] [fala]ndo, [nós]...	As [they] was/were [talk]ing, [we]...

Relatando medidas tomadas	Reporting actions taken
Eu [pedi à comissão para...]	I have [asked the board to...]
Nós [decidimos que]...	We have [decided to]...
Conforme foi pedido, eu/nós	As (you) requested, I/we...

Relatando ações previamente definidas	Reporting intended course of action
[Nós] [enviaremos] [o fax amanhã na parte da manhã]	[We] will [send] [the fax tomorrow morning]
[Nossa] intenção é...	[Our] plan is to...
O que [nós] pretendemos fazer é...	What [we] plan to do is...
Foi decidido que...	It has been decided that...

Relatando reações	Reporting reactions
Para [seu/sua] [alegria/surpresa/alívio/ decepção], ...	To [his] [amusement/surprise/relief/ disappointment], ...
..., para o/a (conforto/alegria/alívio/ surpresa) de...	..., to the (comfort/amusement /relief/amazement) of...
... diante do qual [ele respondeu]...	... to which [he replied] ...
Ao [ver] [isso], [ele]...	Upon [see]ing [that], [he]...
[John] parecia...	[John] seemed...

Relatando o estado atual	Reporting on status
Atualmente.../No presente...	Presently, ...
No presente eu/nós estou/estamos...	I am/We are presently ...
Neste momento...	At this moment/time...
Hoje em dia...	Nowadays...
Nos dias de hoje...	These days...
[John] não [trabalha] mais [aqui].	[John] no longer [works here]./ [John] does not [work] [here] anymore.
[John] ainda [trabalha aqui].	[John] still [works here].
[John] ainda faz./[Eles] ainda fazem.	[John] still does./[They] still do.

Relatando resultados	Reporting results
Vem/Veio a ser que...	It turns/turned out that...
Pelo que parece/pareceu, ...	As it turns/turned out, ...
O resultado final foi...	The end result was...
..., pareceu, ...	..., it turned out, ...
... acabou sendo...	... turned out to be...
... veio a se [tornar]...	... went on to [become]...
Por falta de sorte, ...	As luck would have it, ...
Felizmente, ...	Fortunately, ...
Infelizmente, ...	Unfortunately, ...
[exercícios diários] provaram/provou [serem benéficos]	[daily exercise] have/has proved [helpful]
Finalmente, ...	Eventually, ...
No final, ...	Ultimately, ...
Eu tenho [o prazer/a tristeza] de dizer que...	I am [pleased/sad] to report that...

Mudando de assunto	Changing the subject

Exemplo de uso:

... I can't wait to travel! Just think: I'll be there in exactly one week from today.

On that matter, I still haven't gotten my visa. It's taking forever. I went there the other day with Francy to find out when (or if!) it was going to come out, but the lines were too long so we gave up.

By the way, Francy says hi.

At any rate, I think everything should go just fine. I bought a new...

... Não vejo a hora de viajar! Imagine só, estarei aí exatamente em uma semana.

Falando nisso, ainda não consegui meu visto. Está demorando uma eternidade.
Estive lá outro dia com a Frances para saber quando (ou se!) vai sair, mas as filas estavam quilométricas, então desistimos.

A propósito, Frances manda um oi.

Enfim, acho que tudo vai dar certo. Eu comprei um novo...

Mudando de assunto (cont.)	**Changing the subject (cont.)**
Falando nisso/A propósito, ...	On that matter, .../By the way...
Agora, mudando completamente de assunto...	Moving on to other matters, ...
Por falar nisso, .../Aliás, ...	By the way, ...
De qualquer forma, ...	Anyway, ...
Enfim, ...	At any rate, ...
Bom, enfim...	So, anyway...

Expandindo e resumindo	**Expanding and summarizing**

Exemplo de uso:

... that children who attend wealthy schools will have a self-worth which is directly and positively influenced by a school's installations and facilities. *So, this being the case*, if a poorer student is attending a school with a more impoverished school district, inevitably and unfortunately the opposite effect will be true. *In other words*, without more investment in early childhood education, we cannot expect any radical change in social equality, *which* of course means stagnation in the quality of life for all, rich or poor.

... que crianças que frequentam escolas abastadas terão uma auto estima que é direta e positivamente influenciada pelas instalações da escola. Assim sendo, se um aluno mais pobre estiver frequentando uma escola em um distrito escolar mais empobrecido, inevitável e infelizmente o efeito oposto será verdadeiro. Em outras palavras, sem mais investimento em educação infantil não podemos esperar quaisquer mudanças radicais na igualdade social, o que, é claro, significa estagnação na qualidade de vida para todos, ricos ou pobres.

Expandindo e resumindo	**Expanding and summarizing**
Portanto, ...	So, ...
..., o qual...	..., which...
..., quem...	..., who...
..., sendo assim, ...	..., this being the case, ...
Em outras palavras, ...	In other words, ...
Explicando de outra forma, ...	To put it another way, ...
Detalhando um pouco mais, ...	To elaborate, ...
Resumindo, ...	In summary, ...

Contradições e o inesperado	**Contradiction and the unexpected**

Exemplo de uso:

Hi Mary,

Here I am in San Francisco, and loving it. That is, *despite the weather*. They told me that the weather was *surprisingly warm* for this time of the year, but ***as luck would have it***, I arrived just when it started raining and it hasn't stopped since.

Still, I'm managing to have a good time and *contrary to what many people say*, San Francisco is not a city full of weirdos. (OK, there are a few). It's a city full of elegance and charm, yet never obvious or ostentatious. *Quite the reverse*, it seems to understate its attractions. *As a matter of fact*, I've been looking at some real estate here! Imagine that...

Anyway, I wish you were here and all that sort of thing and please do write back soon, OK?

A big hug,

Lucas

Oi, Mary,

Estou aqui em São Francisco e estou adorando. Isto é, apesar do tempo. Eles me disseram que estava surpreendentemente quente para esta época do ano, mas, por azar, eu cheguei bem quando começou a chover, e não parou desde então.

Ainda assim, estou conseguindo me divertir e, ao contrário do que muitos dizem, São Francisco não é uma cidade cheia de malucos (tá, têm alguns). É uma cidade cheia de elegância e charme e, não obstante, nunca óbvia ou ostentosa. Muito pelo contrário, parece não enfatizar suas atrações. Para falar a verdade, eu tenho visto alguns imóveis aqui! Imagine só...

Enfim, eu gostaria que você estivesse aqui e todo o resto e, por favor, escreva logo, tá?

Um abração,

Lucas

Contradições e o inesperado	Contradictions and the unexpected
Embora...	Although...
Mesmo que...	Even though...
Apesar de...	Despite.../in spite of...
Ao invés de...	Contrary to...
Pelo contrário, ...	On the contrary, ...
Justamente o contrário	Quite the reverse
No entanto, .../Entretanto, ...	Nevertheless, ...
Contudo...	Nonetheless, ...
Em vez disso, ...	Instead, *"Instead of that...", em inglês usa-se somente em situações menos formais*
Mesmo assim, ...	Still, ...
..., todavia...	..., yet...
... apesar de [São Francisco] ser [normalmente quente], [dificilmente] é [escaldante].	... while [San Francisco] is [generally warm], [it] is [rarely] [hot].
..., e não obstante...	..., and yet...
Surpreendentemente [interessante]	Surprisingly [interesting]
Com toda [sua] [educação], ...	For all [his] [education], ...
Não somente/só [ele] [ganhou], como...	Not only did [he] [win], but...
[Ele] não apenas o fez [de propósito], mas...	[He] did so not only [on purpose], but...
Na realidade, ...	In fact, ...
..., quando na realidade...	..., when in fact...
Para falar a verdade, ...	As a matter of fact, ...
Por infortúnio, .../azar, ...	As luck would have it, ...

Exemplificando e esclarecendo	Exemplifying and clarifying

Exemplo de uso:

... countries where firearms are legal yet the homicide rate is almost negligible. *One such country is Switzerland*, which requires its military trained citizens to retain government-issue weapons at home for regular training exercises. *To put it another way*, it would appear that the problem lies not in the guns themselves, but in the hands of those who would use them.

... em países onde armas de fogo são legalizadas, ainda assim a taxa de homicídio é quase desprezível. Um desses países é a Suíça, que exige que seus cidadãos com treinamento militar mantenham armas emitidas pelo governo em casa para exercícios de treinamento regulares. Explicando de outra forma, pareceria que o problema não está nas armas em si, mas nas mãos que as utilizariam.

Exemplificando e esclarecendo	Exemplifying and clarifying
Por exemplo, ...	For example, .../..., for instance.
Um bom exemplo [disto] seria...	A good example (of this) would be...
..., apenas para enumerar alguns.	..., just to name a few.
..., dentre os quais destaca-se...	..., not the least of which is...
Usando [a Espanha] como exemplo, ...	Using [Spain] as an example, ...
Vamos pegar o exemplo de...	Let us take the example of...
Tais [veículos] têm demonstrado [ser eficientes]...	Such [vehicles] have shown to [be efficient]...
Um desses [idiomas] é [o chinês], que...	One such [language] is [Chinese], which...

Esclarecendo	Clarifying
Em outras palavras, ...	In other words, ...
Isto é, ...	That is, ...
Isto quer dizer, .../o que significa, ...	That is to say, ...
Para não dizer...	Not to say that...
Sem falar que...	Not to mention...
Explicando de outra forma, ...	To put it in another way, ...
Em poucas palavras, ...	Simply put, ...
Para deixar claro/esclarecer, ...	For clarity's sake, ...

Generalizando	Generalizing

Exemplo de uso:

Brazil

The food
Generally speaking, Brazilian food consists of beef, chicken or fish dishes, and, *as is often the case*, accompanied by beans and rice and a nice light beer called “chopp”. *Overall*, it is one of the most varied and creative of the South American foods, especially in the northeastern part of Brazil, where *by and large* more indigenous and African roots are evident in the dishes.

The people
It is difficult to generalize, but it can be said that, on the whole, Brazilian people are some of the friendliest and most fun people in the world. *Brazilians are known for* their hospitality and willingness to party at every opportunity, and *in general* are just fun to be around.

On the whole, it is not easy to come away from Brazil with anything but wonderful memories to last a lifetime.

Brasil

A comida
De forma geral, a comida brasileira consiste em pratos de carne bovina, frango ou peixe e, como normalmente ocorre, é acompanhada por feijão e arroz e uma cerveja leve chamada “chope”. No total, é uma das mais variadas e criativas de todas as comidas sul-americanas, especialmente na região nordeste do Brasil, onde, de forma geral, raízes africanas e indígenas são evidentes nos pratos.

O povo
É difícil generalizar, mas pode-se dizer que, como um todo, os brasileiros são um dos povos mais amistosos e divertidos do mundo. Eles são conhecidos por sua hospitalidade e vontade de festejar em qualquer oportunidade e, em geral, são simplesmente ótima companhia.

No todo, não é fácil sair do Brasil com algo que não sejam lembranças maravilhosas para a vida toda.

Generalizando (cont.)	Generalizing (cont.)
Geralmente, ...	Generally, ...
No total, ...	Overall, ...
Falando de maneira geral, ...	Generally speaking, ...
Em geral, ...	In general, ...
De forma geral, ...	By and large, ...
No todo, ...	On the whole, ...
Como é normalmente o caso, ...	As is often the case, ...
É difícil generalizar, mas pode se dizer que, no todo, ...	It is difficult to generalize, but it can be said that, on the whole, ...
[Italiano/os] é/são conhecidos por [seus]...	[Italian/s] is/are known for [their]...

Destacando e especificando	Highlighting and specifying

Exemplo de uso:

Though the commonplace belief is that the country's currency is anything but hard, *it is worth noting that* it has stayed relatively steady since its initiation in the 1980s. *As a matter of fact,* it was only in early 1999, when allowed to float on its own, that it felt any sort of significant devaluation against the US dollar. *This currency, more than any other* before it, has the most chance of survival and deserves the most trust and respect of the foreign and domestic investor.

Embora a crença geral seja a de que a moeda de um país é qualquer coisa menos inflexível, vale ressaltar que ela permaneceu relativamente estável desde sua criação nos anos 1980. Na verdade, foi só no começo de 1999, quando foi permitido que flutuasse por conta própria, que ela sentiu algum tipo de desvalorização significativa com relação ao dólar americano. Essa moeda, mais do qualquer outra que a precedeu, tem a maior chance de sobrevivência e merece a maior confiança e respeito do investidor estrangeiro e doméstico.

Destacando e especificando	Highlighting and specifying
mais notavelmente, ...	most notably, ...
mais significativamente, ...	most significantly, ...
dentre os quais destaca-se...	not the least of which is...

Destacando e especificando (cont.)	Highlighting and specifying (cont.)
[este acordo comercial], mais que qualquer outro...	[this trade agreement], more than any other...
É válido observar que.../ destacar que...	It is worth noting that.../ pointing out that...
..., particularmente...	..., particularly...
..., em particular.	..., in particular.
Especificamente, ...	Specifically, ...
Para ser específico, ...	To be specific, ...
Na realidade, ...	As a matter of fact, ...
... foi o [melhor] dentre os [candidatos] que [foram entrevistados].	... was the [best] among the [candidates] who [were interviewed].
Foi [John] quem [construiu]...	it was [John] who [built]...
[Houston] se destaca como...	[Houston] stand(s) out as...
Mais que tudo, ...	Most of all, ...
Acima de tudo, ...	Above all, ...

Opinião	Opinion

Exemplo de uso:

Review: Restaurante La Table Française

I have nothing but praise for this new French delight in our fine city. *I must admit*, I thought I might be disappointed when I saw the rather simple-looking menu, but *I am not exaggerating when I say that* this is the best French restaurant I have ever dined in.

French provincial cuisine *is generally considered* one of the most difficult varieties of French faire to prepare well. *Personally, I have no doubt that* La Table Française has mastered it.

In their own way, they *seemingly* oversimplify some dishes, but the end result is superb. *I was especially impressed with* the beef and rice dishes, which *to a certain extent* had a kind of exotic or tropical edge, *as it were. Scarcely have I tasted such* creativity and variety of seasoning. Absolutely fabulous.

I recommend you run, not walk, to La Table Française before the lines get too long for you to get in without a prior background check and credit report. This one's a sure winner.

Crítica: Restaurante La Table Française

Não tenho nada além de elogios para essa nova delícia em nossa bela cidade. Devo admitir, pensei que iria me decepcionar quando vi o menu bastante simples, mas não estou exagerando quando digo que este é o melhor restaurante francês em que já jantei.

A cozinha provincial francesa geralmente é considerada uma das mais difíceis variedades do "fazer francês" de se preparar bem. Pessoalmente, não tenho dúvida de que La Table Française a dominou.

A seu modo, eles aparentemente simplificaram exageradamente alguns pratos, mas o resultado final é magnífico. Fiquei especialmente impressionado com os pratos de carne bovina e arroz, que, até certo ponto, beiravam o exótico ou tropical, por assim dizer. Raras vezes provei tanta criatividade e variedade de temperos. Absolutamente fabuloso.

Recomendo que você corra, não ande, até o La Table Française antes que a fila fique longa demais e você não consiga entrar sem antes checarem seus antecedentes e seu relatório de crédito. Esse é um vencedor garantido.

Opinião (cont.)	Opinion (cont.)
Expressões para opiniões positivas ou negativas	**Expressions for positive or negative opinions**
Pessoalmente, ...	Personally, ...
na minha opinião, ...	in my opinion, ...
..., que na minha opinião...	..., which in my opinion...
..., eu acho, ...	..., I think, ...
pelo que eu entendo, ...	as far as I am concerned, ...
na minha opinião, .../a meu ver, ...	in my estimation, ...
eu não tenho dúvida alguma de que...	I have no doubt that...
não é/são de forma alguma...	is/are by no means...
Pelo que parece, ...	Presumably, ...
Raramente eu/nós [presenciei/presenciamos] tal/tanto...	Scarcely have I/we [experienced] such (a)/so much...
pelo meu ponto de vista, ...	in my view, ...
... [foi] [impressionante/decepcionante], especialmente considerando...	... [was] [impressive/disappointing], especially considering...
... fiquei especialmente [impressionado com/desapontado com] [o clima]	... I was especially [impressed with/disappointed with] [the weather]

Expressões para opiniões positivas	Expressions for positive opinion
Eu devo admitir...	I must admit, ...
Eu não estou exagerando quando digo que...	I am not exaggerating when I say that...
A única coisa que pode ser dita sobre [Erik] é que...	The only thing that can be said about [Erik] is that...
Se existe algo que possa ser dito sobre [Recife] é que...	If there's one thing that can be said about [Recife], it's that...
Eu tenho apenas elogios para...	I have nothing but praise for...
Eu tenho apenas coisas boas a dizer sobre...	I have only good things to say about...

Expressões para opiniões negativas	Expressions for negative opinion
No máximo, ...	At best, ...
... e olha lá.	..., if that.
Para ser mais [direto/claro], ...	To put it [bluntly/plainly], ...
até mesmo uma [cidade] tão [linda] quanto [o Rio] [está longe de ser completamente segura].	even a [city] as [lovely] as [Rio] [is far from being completely safe].
mesmo com toda a [sua] [educação], ...	for all [his] [education], ...
Que [ignorância]!	What [ignorance]!
Que [perda de tempo]!	What a [waste of time]!
só em [mencionar] [o nome dele]...	the very [mention] of [his name]...

Amenizando opiniões	Softening opinion
..., por assim dizer, ...	..., as it were, ...
parecia como se...	it seemed as though...
... [ele estava bravo], me pareceu, ...	... [he was angry], it seemed, ...
De certa forma, .../De certo modo, ...	In a sense, .../In a way, ...
Neste/Nesse sentido, ...	In this/that sense, ...
Até certo ponto...	To a certain extent, ...
do [seu] próprio jeito...	in [their] own way...
aparentemente [mal preparado]	Seemingly [ill-prepared]

Dizendo a opinião de terceiros	Saying other people's opinion
Em alguns círculos [eruditos], ...	In some [scholarly] circles, ...
é geralmente considerado...	is generally considered...
é amplamente conhecido como...	is widely thought of as...
é considerado como...	is considered to be...
é normalmente descrito como...	is often described as...
é/foi visto como...	is/was seen as...
muitos acham que...	many people think...

Qualificando — Qualifying

Exemplo de uso:

Dear Monica:

I just wanted to follow up on our conversation yesterday.

Please understand that my leaving *by no means* implies that I have not enjoyed my time with you nor that there is any sort of bitterness involved in any way. *Although* there were some difficult times, *to a certain extent* they were necessary for our growth, I think. Yes, there were some rumors about a reduction in quality, *which may or may not be true*, but *last week notwithstanding*, I do believe that we have never had a public disagreement and, *to be fair*, I think ours has been probably the best ongoing friendly/professional relationship I have ever had.

I wish you all the luck in the world in the wonderful future that no doubt awaits you.

Yours,

Ken

Cara Mônica,

Só queria dar continuidade a nossa conversa de ontem.

Por favor, compreenda que a minha partida de maneira nenhuma implica que eu não tenha aproveitado meu tempo com você, nem que há qualquer tipo de amargura envolvido. Embora tenha havido alguns momentos difíceis, até certo ponto creio que eles foram necessários para nosso crescimento. Sim, houve alguns boatos sobre uma redução na qualidade, que podem ou não ser verdadeiros, mas, apesar da semana passada, acredito que nós nunca tivemos um desentendimento público e, para ser sincero, acho que o nosso tem sido provavelmente o melhor relacionamento de amizade e profissional em andamento que já tive na vida.

Desejo que você tenha toda a sorte do mundo nesse futuro maravilhoso que com certeza está a sua espera.

Sinceramente,

Ken

Qualificando	Qualifying
Apesar de que...	Although...
..., embora...	..., though.../..., albeit...
De maneira alguma...	By no means...
De certa forma, ...	In a way, ...
De certo modo, ...	In a sense, ...
Até um ponto, ...	To some extent, ...
Até certo ponto, ...	To a certain extent, ...
Sem querer ser [negativo], ...	Not to be [negative], ...
Tirando/sem contar [o ano passado], ...	[last year] notwithstanding, ...
Para ser justo, ...	To be fair, ...
..., o que talvez seja verdade ou não.	..., which may or may not be true.

Comentários à parte	Parenthetical remarks

Exemplo de uso:

Hi Denny,

Just a quick note to tell you that the play you recommended was excellent. Marie and I really enjoyed it. Thanks. I hope to be able to go with you and Kelly next time I'm in Miami.

Which reminds me, isn't the next International Men's Health conference going to be held there? It would be great to see you all again, *and, I should add,* all expenses paid.

Oh! That reminds me: make sure you give me the number for your bank account so I can wire you that money I owe you.

Hope to talk to you soon.

Cheers,

João

Oi, Denny,

Só um bilhete para te dizer que a peça que você recomendou estava excelente. Marie e eu adoramos. Obrigado. Espero poder ir com você e a Kelly na próxima vez que estiver em Miami.

Aliás, a próxima Conferência Internacional sobre a Saúde do Homem não vai ser lá? Seria ótimo vê-los de novo e, devo acrescentar, de graça.

Ah! Falando nisso: não esqueça de me dar o número de sua conta bancária para eu transferir aquele dinheiro que te devo.

Espero falar com você em breve.

Felicidades,

João

Comentários à parte	Aside comments
Falando do qual, ...	Speaking of which, ...
Aliás, [onde está Mark ultimamente]?	By the way, [where is Mark these days]?
Antes que eu me esqueça, ...	Before I forget, ...
Oh! Isto me faz lembrar: ...	Oh! That reminds me: ...
O que me lembra que [eu tenho que ligar para ela]...	Which reminds me, [I need to call her]...
Aproveitando o assunto, ...	While I'm on the subject, ...
..., e devo acrescentar, ...	..., and, I should add, ...

Referências	Referring

Exemplo de uso:

Laura,

Thank you for your letter of 29 September. I will try to address each of your queries.

Regarding the possible change in venue, I think we should probably keep the event in Rio. The reason is simple: expectation. Moving it to another site at this point would only confuse people, I think.

Concerning security at the event, I really do not think this is going to be a major concern. The event will only take place during the day and at night the center will be closed. I think the security we have in place now should more than suffice.

As for the threats of protest, I think we should alert the local authorities and let them handle it. And let's not let the media leakage that occurred last year happen again at this event.

Regards,

Alexandre

Laura,

Obrigado por sua carta de 29 de setembro. Vou tentar responder a cada uma de suas perguntas.

Com relação à possível mudança de local, acho que deveríamos provavelmente manter o evento no Rio. A razão é simples: expectativa. Mudá-lo para outro ponto a essa altura do campeonato só confundiria as pessoas, eu acho.

Com relação à segurança do evento, realmente não acho que isso venha a ser uma grande preocupação. O evento só vai ocorrer durante o dia, e à noite o centro ficará fechado. Acho que a segurança que temos no local agora já é mais do que suficiente.

Quanto às ameaças de protesto, acho que deveríamos alertar as autoridades locais e deixá-las lidar com isso. E não vamos deixar vazar na mídia de novo, nesse evento, como ocorreu no ano passado.

Atenciosamente,

Alexandre

Referências	Referring
Relativo/Com relação a[o novo horário], ...	Regarding [the new schedule], ...
Em relação a [pagamento], ...	With regard to [payment], ...
Com relação a [sua proposta], ...	Concerning [your proposal], ...
Referente/Quanto a[política], ...	As for [politics], ...

Referências (cont.)	Referring (cont.)
Quanto a[o item número 233], ...	As to [item number 233], ...
No que se refere a[o negócio], ...	As far as [the business] is concerned, ...
Em termos de [dinheiro], ...	In terms of [money], ...
A questão d[o novo gerente] continua [aberta/não resolvida]	The question of [the new manager] remains (open/unresolved)

Afirmando o óbvio	Stating the obvious

Exemplo de uso:

The weeks following the September 11 attack were, *obviously*, a time of recovery for many people. *It goes without saying*, I think, that there may be some people who may never fully recover. *Clearly*, September 11, 2001, marked the beginning of a new era in the world. *Not that I am saying anything really new here*, but if there was really a beginning of the New Millenium, I think this was probably it.

As semanas seguintes ao ataque de 11 de setembro foram, obviamente, uma época de recuperação para muitas pessoas. Desnecessário dizer, creio, que pode haver muita gente que jamais se recuperará totalmente. Claramente, o dia 11 de setembro de 2001 marcou o início de uma nova era no mundo. Não que eu esteja dizendo alguma novidade com isso, mas acredito que provavelmente esse foi o verdadeiro começo do Novo Milênio, se é que houve um.

Afirmando o óbvio	Stating the obvious
Obviamente, ...	Obviously,
É claro...	Clearly,
Sem mencionar que...	It goes without saying that...
Nem precisa dizer que...	Needless to say, ...
Parece até desnecessário dizer que...	It seems rather unecessary to say...
Sei que parece óbvio, mas...	I realize this probably seems rather obvious, but...
Como você (talvez/provavelmente) já sabe/saiba, ...	As you (may/probably) already know, ...

Afirmando o óbvio (cont.)	Stating the obvious (cont.)
Arriscando-me a parecer óbvio, ...	At the risk of sounding obvious, ...
Sei que isto provavelmente não é nenhuma novidade para você, mas...	I realize this is probably no news for you, but...
Não que eu esteja dizendo alguma novidade aqui, mas...	Not that I am saying anything really new here, but...

Dizendo tudo em poucas palavras	Saying a lot with a little

Exemplo de uso:

Dear Stuart,

I've just moved and you've got a new reason to visit me now: I now live about 10 meters from the beach. This new apartment has got everything – *you wouldn't believe it. You need to see it for yourself*.

There are too many nice things to tell you about this new place, but *suffice it to say*, you won't regret coming!

Look forward to hearing from you soon.

Fer

Caro Stuart,

Acabei de mudar e você tem um novo motivo de me visitar agora: moro a 10 metros da praia. Esse apartamento novo tem de tudo – você não vai acreditar. Você precisa ver com seus próprios olhos.

Há muitas coisas legais para contar sobre esse novo lugar, mas basta dizer que você não vai se arrepender de ter vindo!

Espero notícias suas em breve.

Fer

Dizendo tudo em poucas palavras	Saying a lot with a little
Preciso falar mais?	Need I say more?
Acho que nós [dois/todos] sabemos o que aconteceu depois.	I think we [both/all] know what happened next.
... praticamente fala por si só.	... basically speaks for itself.
Palavras não podem descrever.../	Words cannot describe.../
Palavras não fazem justiça a [isso].	Words do not do [it] justice.
Poderia ficar falando (sobre isso) por horas.	I could go on talking forever (about it).
..., se é que você entende o que eu quero dizer.	..., if you know what I mean.
— para não dizer coisa pior./— é pouco.	— and that's putting it nicely./— to put it mildly.
Dizer que [aquilo] foi [caro] seria uma colocação bem suave/ é pouco.	To say [it] was [expensive] would be putting it mildly.
Você precisa ver por si mesmo.	You need to see it for yourself.
Se eu lhe dissesse, você não acreditaria nisso.	If I told you, you wouldn't believe it.
Basta dizer que...	Suffice it to say, ...

Comentando — **Remarking**

Exemplo de uso:

... there are many ways to learn English. *Of course,* no one wants to take forever doing it, but it is in fact a lifelong process. *I should mention that* it is indeed possible to become fluent in English in a matter of a few years, but that all depends on many variables...

... há muitas maneiras de aprender inglês. É claro que ninguém quer passar uma eternidade aprendendo, mas isso é na verdade um processo que leva a vida toda. Devo também mencionar que na verdade é possível tornar-se fluente em inglês em questão de alguns anos, mas tudo isso depende de muitas variáveis...

Comentando	Remarking
É válido mencionar...	It is worth mentioning...
Vale lembrar aqui que...	It is worth remembering here that...
Claro que...	Of course, ...

Comentando (cont.)	Remarking (cont.)
Eu achei que eu deveria chamar sua atenção a [isto].	I thought I should bring [this] to your attention.
Devo mencionar que...	I should mention that...
Por falar nisto, ...	By the way, ...

Falando do passado, do presente e do futuro	Talking about the past, the present and the future

Exemplo de uso:

There was a time when cell phones did not exist. *Not too long ago*, it was actually possible to watch an entire movie, sit through three courses of a restaurant meal, or even pray at Sunday mass without the now ubiquitous infantile melodies of the increasingly small noise makers everyone seems to be carrying around.

Nowadays, if you do not own a cell phone, you might be feeling a little bit like a latecomer to a party. *At the time of this writing,* City Hall is deciding on whether to deactivate over 1,000 public phones in the city, making non-cell phone users walk a little more and cell phone providers smile in anticipation.

It won't be long before the public phone will be nothing but a distant memory. *There will come a day when* older folks will say, "*In the old days* you had to walk to a special booth in the street if you wanted to call someone while you were out". That day hasn't arrived quite yet, but *it won't be long.*

Havia um tempo em que telefones celulares não existiam. Não muito tempo atrás, era de fato possível assistir a um filme inteiro, ficar sentado em um restaurante durante três refeições completas, ou até mesmo rezar na missa de Domingo sem as, hoje, onipresentes melodias infantis dos, cada vez menores, fazedores de ruído que todos parecem levar por aí.

Hoje em dia, se você não tem um celular, pode estar sentindo-se meio como que atrasado para uma festa. No momento em que estas linhas estão sendo escritas, a Prefeitura está decidindo se desativa ou não mais de 1.000 telefones públicos na cidade, fazendo os não usuários de celular andar um pouco mais e os fornecedores de celulares sorrirem antecipadamente.

Não demorará muito para que o telefone público se torne uma memória distante. Haverá um dia em que os mais velhos dirão: "Nos velhos tempos você tinha que andar até uma cabine especial na rua se quisesse ligar para alguém enquanto você estivesse fora." Esse dia ainda não chegou, mas não vai demorar muito.

Falando do passado, do presente e do futuro (cont.)	Talking about the past, the present and the future (cont.)

Olhando para trás	Looking back
tempos atrás, ...	long ago, ...
muito tempo atrás	a long time ago
não muito tempo atrás, ...	not too long ago, ...
uma vez, ...	once, ...
naquela época, ...	at that time, ...
naquele tempo, ...	back then, ...
(alguns) anos atrás, ...	(some) years ago, ...
nos velhos tempos, ...	in the old days, ...
houve um tempo em que...	there was a time when...
anos e anos atrás	years and years ago
como foi o caso naqueles tempos, ...	as was the case in those days, ...

Olhando para o "agora"	Looking at the "now"
hoje em dia, ...	these days, ...
atualmente, ...	nowadays, ...
nesta época...	at this time...
neste momento...	right now...
neste exato momento...	at this very moment...
no momento da redação...	at the time of this writing...

Olhando para o futuro	Looking ahead
logo...	soon, ...
não demorará muito antes que...	it won't be long before...
em alguns [dias]...	in a few [days]...
no futuro (distante)...	in the (distant) future, ...
haverá um em que...	there will come a day when...
algum dia...	someday, ...
daqui a anos...	years from now...
futuramente...	eventually, ...
com [o crescimento] [das crianças]...	as [the kids] [grow up], ...
mais à frente...	down the road...
pelos próximos anos	for years to come
nas [semanas] seguintes	in the coming [weeks]
nos [dias] que estão por vir	in the [days] to come

Expressões de tempo comuns na escrita	Common time expressions in writing

Exemplo de uso:

NOTICE TO ALL EMPLOYEES

As of next Monday, there will no longer be free access to the color photocopier, *until further notice*. *In the past month there have been* over 24,000 color photopies made, and most of those unaccounted for. *Hereafter*, any employee requiring color photocopies should inform the manager on duty 24 hours *in advance* to have them made outside the company.

The Management

AVISO A TODOS OS FUNCIONÁRIOS

A partir da próxima segunda-feira, não haverá mais livre acesso à máquina de xerox colorida, até segunda ordem. No mês passado foram feitas mais de 24.000 cópias coloridas, e a maioria delas não pode ser contabilizada regularmente. Daqui por diante, qualquer funcionário que requisitar fotocópias coloridas deverá informar ao gerente de plantão com 24 horas de antecedência, para que sejam feitas fora da empresa.

A Gerência

Expressões de tempo comuns na escrita	Common time expressions in writing
a partir de [segunda, 30 de abril]...	as of [Monday, April 30]...
começando [no dia 24 de agosto]...	beginning [August 24]...
ao [descobrir] [o erro], ...	upon [discover]ing [the mistake], ...
por enquanto, ...	in the meantime, ...
por agora...	for now...
próximo/a [ano]...	next [year]...
[semana] passada/o...	last [week]...
no último [mês] [eu] tenho [visto]...	in the past [month], [I] have [seen]...
nos próximos [meses], ...	in the coming [months], ...
durante todo/a [a conferência]...	throughout [the conference]...

Expressões de tempo comuns na escrita (cont.)	Common time expressions in writing (cont.)
futuramente, .../finalmente, ...	eventually, ...
aos poucos [os trabalhadores] têm [se adaptado]...	over time, [the workers] have [adapted] ...
(algum dia) em um futuro [próximo/distante], ...	(sometime) in the [near/distant] future, ...
na época, .../na hora, ...	at the time, ...
naquela época, .../naquele tempo, ...	at that time, ...
logo	soon
brevemente	before long
[Eu lhe darei um retorno] no tempo apropriado.	[I will get back to you] in due time.
antes do esperado	sooner than expected
sempre que [você tiver uma pergunta]...	whenever [you have a question]...
até [dia 9 de agosto]...	by [August 9]...
previamente, ...	previously, ...
daqui por diante, [informe a todos os funcionários...]	hereafter, [please inform all employees...]
... na hora.	... on time.
... na hora para [o voo].	... on time for [the flight].
... a tempo.	... in time.
... a tempo de [salvar o menino].	... in time to [rescue the boy].
qualquer hora [uma vaga estará disponível]...	in time, [a position will become available]...
assim que possível	as soon as possible *(também escrito "ASAP")*
em um certo momento d[a reunião]...	at some time during [the meeting]...
[o extrato relata a movimentação] até [o dia 30 de abril]...	[the statement covers activity] through [April 30]...
no decorrer d[o ano], ...	throughout [the year], ...
[quatro meses] atrás...	[four months] ago ...
tão logo [nós recebamos o pagamento]...	as soon as [we receive the payment]...
... [nós deveríamos almoçar] algum dia.	... [we should have lunch] sometime.
... [enviá-lo a você] dentro de [2 dias úteis]	... [mail it to you] within [2 working days]
após [um ou dois dias] de [chegada]...	within [one or two days] of [arriv]ing...
[o prazo] está se aproximando.	[the deadline] is drawing near.
com [meses] de antecedência	[months] in advance
bem antes	well in advance
em uma outra ocasião	at a later date
com [o decorrer dos fatos], ...	as [events unfold], ...

Expressões de tempo comuns na escrita (cont.)	Common time expressions in writing (cont.)
até qualquer outro aviso	until further notice
indefinidamente	indefinitely
temporariamente	temporarily
no mais tardar [no dia 18 de agosto]	no later than [August 18]

Analisando	Analyzing

Exemplo de uso:

To a certain extent, the homelessness situation in San Francisco is a more political than economic problem. *On the surface*, it seems that there are thousands of people who apparently have no place to sleep and therefore do so on the streets. *Upon closer examination of the matter*, one discovers that in fact the people who are apparently "homeless" in San Francisco are more "voiceless" than anything else, so *as I see it*, what in fact is the only real solution to the homeless situation in San Francisco is widening the channels of communication between "us" and "them".

To elaborate, let me start with the example of...

Até certo ponto, a situação dos sem-teto em São Francisco é um problema mais político do que econômico. Superficialmente, parece que há milhares de pessoas que aparentemente não têm onde dormir e, portanto, o fazem nas ruas. Um exame mais minucioso do assunto revela, no entanto, que os aparentemente "sem-teto" em São Francisco são mais "sem-voz" que qualquer outra coisa; assim, ao meu ver, a única solução real para o problema dos sem-teto em São Francisco é ampliar os canais de comunicação entre "nós" e "eles".

Para detalhar melhor o assunto, vamos começar com o exemplo de...

Analisando	Analyzing
Na superfície, ...	On the surface, ...
Examinando (mais) cuidadosamente (o assunto), ...	Upon close(r) examination (of the matter), ...
Por um lado, .../ por outro lado, ...	On one level, .../on another level, ...
Por um lado, .../ por outro lado, ...	On one hand, .../on the other hand, ...
Em termos de...	In terms of...
Pode-se deduzir que...	It can be surmised that...
A meu ver, ...	As I see it, ...
Levando em consideração que...	Taking into account that...
O lado bom/positivo é que.../ o lado negativo é que...	On the plus side, .../on the minus side, ...
Até certo ponto, ...	To certain extent, ...
Pelo que eu posso dizer, ...	As far as I can tell, ...
Pelo que eu posso deduzir, .../ pelo que se pode concluir, ...	From what I can surmise, .../from what can be surmised, ...
Baseado no que eu tenho/nós temos (visto/observado/deduzido/coletado), ...	Based on what I/we have (seen/ observed/surmised/gathered), ...

Causa, efeito e propósito	Cause, effect and purpose

Exemplo de uso:

TO: All new foreign hires
FROM: Rafael Santos
DATE: February 20, 2002
SUBJECT: Departmental cutbacks

Due to the current economic slowdown, it is the regret of the management that in the coming months there is be a significant reduction in human resources. *For purely financial reasons*, the first department to be affected by these changes will be the new foreign hires office, which acts as the backbone of our import/export sector.

Consequently, we will be inviting you to meet with us individually to clear up any concern or doubts, and to assist you in any way possible in this time of transition.

Please contact us at your convenience before the end of this month *so that* we can arrange a time to meet.

Copies: G. Gonçalves, Director of Marketing
U. Fernandes, Customer Service Manager

PARA: Todas as novas contratações estrangeiras
DE: Rafael Santos
DATA: 20 de Fevereiro de 2002
ASSUNTO: Cortes departamentais

Devido ao atual recuo econômico, é com grande pesar que a gerência anuncia que nos próximos meses será preciso haver uma redução significativa nos recursos humanos. Por razões puramente econômicas, o primeiro departamento a ser afetado por essa mudança será o escritório de novas contratações estrangeiras, que serve de espinha dorsal do nosso setor de importação/exportação.

Consequentemente, convidaremos a todos individualmente para esclarecer quaisquer preocupações ou dúvidas e assisti-los dentro de nossas possibilidades nessa hora de transição.

Por favor, entrem em contato conosco de acordo com a conveniência de cada um, até o final deste mês, para que possamos agendar um horário para nos reunirmos.

Cópias: G. Gonçalves, Diretor de Marketing
U. Fernandes, Gerente de Atendimento ao Consumidor

Causa, efeito e propósito	Cause, effect and purpose
Causa	**Cause**
(em parte) devido a...	(partly) due to...
Agora que [estou solteiro], ...	Now that [I'm single], ...
Como [não tem água], ...	Since/As [there is no water], ...
A razão/o motivo que...	The reason that...
... (puramente/principalmente/igualmente) por motivos [financeiros]...	... for (purely/mostly/equally) [financial] reasons...
... por [respeito] a(o) [meio ambiente]	... out of [concern] for [the environment]...
... em parte por causa de [amor], ...	... in part out of [love], ...
... por causa de...	... because of...
Como resultado de...	As a result of.../Resulting from...
Levado pela(o) [raiva], ...	Driven by [anger], ...
Sendo [escorpiano], ...	Being a [Scorpio], ...

Causa (cont.)	Cause
Por isso/por essa razão, ...	For this reason, ...
Por essas e outras, ...	For these and other reasons, ...
Por razões que desconheç(o), ...	For reasons unclear to (me), ...
Pela lei [estadual], ...	Under [state] law, ...
Se não tivesse sido pela(o) [Ines], [a empresa] teria [falido]/não teria [crescido]	If it had not been for [Ines], [the business] would have [gone under]/ would not have [grown]
Se não fosse pela(o) [Heloísa], [o escritório] [estar]ia [um caos só].	If not for [Heloisa], [the office] would [be total chaos].

Propósito	Purpose
De modo que...	In order to...
Para que...	So that...
Com o propósito de...	With the purpose of...
... como um meio para...	... as a means to...
..., que age como um [catalisador para]...	..., which acts as a [catalyst to]...
... é/são a chave para...	... is/are the key to...
..., sem o qual/os quais não [ter]íamos [estabilidade financeira], ...	..., without which we would not [have] [financial stability], ...

Efeito	Effect
Consequentemente, ...	Consequently,
..., e ao fazer isso, ...	..., and in doing so...
Como consequência, ...	As a consequence,
Resulta que...	As a result, ...
Para piorar as coisas (ainda mais), ...	To make matters (even) worse,
..., forçando- [o] a [renunciar/pedir demissão].	..., forcing [him] to [resign].
..., deixando-[a] [doente].	..., making [her] [sick].
..., fazendo [ela] ficar [doente].	..., causing [her] to [become sick].
..., assim/desse jeito...	..., and so...
..., resultando em...	..., resulting in...
Acabou acontecendo que...	What came out of [this] is/was...

Comparando	Comparing

Exemplo de uso:

American English and Canadian English are indeed different, but *the difference is minimal*. In fact, many people *cannot tell the difference*. Generally speaking, Canadian English tends to be a little *more British than* American English, especially in its spelling and pronunciation, but *they are very similar*.

O inglês americano e o inglês canadense são realmente diferentes, mas a diferença é mínima. Na verdade, muita gente não consegue distingui-los. De modo geral, o inglês canadense tende a ser um pouco mais britânico que o americano, especialmente na grafia e na pronúncia, mas são muito semelhantes.

Comparando	Comparing
São (exatamente) iguais.	They're exactly alike./They're exactly the same.
São muito parecidos.	They're very similar.
São mais ou menos iguais.	They're more or less the same.
A diferença é mínima/pequena.	The difference is minimal.
Quase não tem diferença (entre os dois).	There's almost no difference (between them).
Só mesmo um especialista saberia distingui-los.	Only an expert could tell them apart.
Eu não vejo diferença.	I can't tell the difference.
Eu não sei distingui-los/las.	I don't know how to tell them apart.
São um pouco diferentes.	They're slightly different.
São bastante diferentes.	They're quite different.
São totalmente diferentes.	They're totally different.
Uma coisa não tem nada a ver com a outra.	One thing has nothing to do with the other.
Eu os separo em categorias bem/completamente diferentes.	I put them into very/completely different categories.
Um é (barato) e o outro é (mais útil).	One is (cheap) and the other is (more useful).
(X) é maior que (Y).	(X) is bigger than (Y).
(X) é mais (caro) do que (Y).	(X) is more (expensive) than (Y).

Comparando (cont.)	**Comparing (cont.)**
(X) é bem (mais barato) do que (Y).	(X) is much (cheaper) than (Y).
(X) tem mais (espaço).	(X) has more (room).
(X) tem uma (infraestrutura) melhor.	(X) has a better (infrastructure).
(X) não é tão (interessante) quanto (Y).	(X) is not as (interesting) as (Y).
(X) é (bonito), mas (Y) é (mais bonito) ainda.	(X) is (nice), but (Y) is even (nicer).
(X) é o (mais bonito).	(X) is the (nicest).
(X) é o mais (comum).	(X) is the most (common).
(X) é o menos (caro).	(X) is the least (expensive).
(X) é de longe o (mais interessante).	(X) is by far the (most interesting).
... e (Y) é (melhor) ainda.	... and (Y) is (better) still.
Não tem comparação: (X) é o (melhor).	There's no comparison – (X) is the (best).

Comparando e contrastando	**Comparing and contrasting**

Exemplo de uso:

I found Spain to be nothing like I had expected. I had imagined a less European atmosphere, something a bit more provincial. This simply is not the case in Spain.

While some towns in Spain reflect the flamenco and bull fighting images the world is now more than familiar with, *most cities in Spain are not unlike other major cities* in France, England or Italy, for that matter. *Though Spain is generally warm, it is not nearly as hot as* I had imagined it would be. The weather in Spain *is more reminiscent of* the weather in Southern California or even New York, at times.

Descobri que a Espanha não era nada do eu esperava. Eu havia imaginado uma atmosfera menos europeia, algo mais provinciano. Não é esse o caso da Espanha.

Enquanto algumas cidadezinhas na Espanha refletem as imagens de flamenco e tourada com as quais o mundo inteiro está mais do que familiarizado, a maioria das cidades espanholas não é muito diferente das outras principais cidades da França, Inglaterra ou mesmo da Itália.

Embora a Espanha seja quente, de modo geral não chega nem perto do que eu imaginava que fosse. O clima espanhol é mais reminiscente do que o clima do sul da Califórnia ou mesmo de Nova York, às vezes.

Comparando e contrastando	Comparing and contrasting
... me faz/em lembrar de...	... is/are reminiscent of...
..., [Bush], mais que qualquer outro [presidente]...	..., [Bush], more than any other [president]...
..., como no caso [da internet]	..., as is the case with [the internet]
..., como é verdade [na internet]	..., as is true of [the internet]
... apesar de [São Francisco] ser [quente], não é (tão/nem de longe tão) [quente] quanto [Los Angeles].	... though [San Francisco] is [warm], it is not (as/nearly as) [warm] as [LA].
ao contrário de...	as opposed to...
nem mesmo [a Itália] [tem] [melhor comida italiana]	not even [Italy] [has] [better Italian food]
é (muito/infinitamente) mais [econômico/ barato]	is (much/infinitely) more [inexpensive]/ [cheap]er
assim como [a Califórnia], [Chile]...	just like [California], [Chile]...
Diferentemente de...	Unlike...
não muito diferente de...	not unlike...
como no caso...	as is the case with...
Enquanto algum[as cidades americanas são muito grandes], a maioria [é bem pequena]	while some [American cities are very big], most [are fairly small]

Condição e hipótese	Condition and hypothesis

Exemplo de uso:

Clive,

Just a few thoughts on the Taiwan merger.

I believe the deal will go through, *pending* final contract arrangements. We will be meeting with their lawyers this afternoon.

In the unlikely event of a breakdown in talks, we still have Maria inside who can keep this deal alive if necessary.

Keep your fingers crossed.

Chico

Clive,

Só algumas considerações a respeito da fusão com Taiwan.

Acho que o acordo vai ser aprovado, só estamos na pendência de acertos finais de contrato. Encontraremos-nos com os advogados deles hoje à tarde.

Na improvável eventualidade de uma ruptura nas negociações, ainda temos Maria lá dentro, que pode manter o acordo de pé, se necessário.

Cruze os dedos,

Chico

Condição e hipótese	Condition and hypothesis
Condição	**Condition**
Se [o tempo estiver bom], ...	If [the weather is nice], ...
Ainda que...	Even if...
Contanto que...	As long as...
Caso contrário...	Otherwise, ...
Do contrário, ...	If not, ...
Se e quando...	If and when...
... com a condição de...	... on condition that...
[... nós completaremos o serviço], após [pagamento]	[... we will complete the job], pending [payment].
Hipótese	**Hypothesis**
Vamos imaginar que...	Let us imagine that...
Se [X] fosse acontecer, então [Y] [ser]ia...	If [X] were to happen, then [Y] would [be]...
Na (improvável) eventualidade de [incêndio], [haver]ia [uma evacuação imediata].	In the (unlikely) event of [a fire], [there] would [be an immediate evacuation].
O que aconteceria se [a empresa] fosse [à falência]?	What would happen if [the business] were to [go bankrupt]?
A minha hipótese é que...	It is my hypothesis that...

Listando — Listing

Exemplo de uso:

TO: All hotel staff
FROM: Senior Management
DATE: January 30, 2002
SUBJECT: New vacation policies

Following the January 17 staff meeting, it has been decided that the new protocol for taking vacation time ***is as follows***:

– employee must have been with the company minimum 1 year;
– employee must put in vacation request to her/his supervisor minimum 4 weeks in advance;
– there will be no vacation time granted in the high season months, those being December to January, June to August.

Thank you

PARA: Todo o staff do hotel
DE: Gerência Sênior
DATA: 30 de janeiro de 2002
ASSUNTO: Novas políticas de férias

Como resultado da reunião de staff de 17 de janeiro, foi decidido que o novo protocolo para a concessão de férias é o seguinte:

– funcionário deve estar na empresa há pelo menos 1 ano;
– funcionário deve fazer pedido de férias ao seu supervisor com pelo menos 4 semanas de antecedência;
– não haverá concessão de férias nos meses de alta temporada, sendo estes de dezembro a janeiro e de junho a agosto.

Obrigado.

Listando (cont.)	Listing (cont.)
é/são como segue: ...	is/are as follows: ...
é/são o/a(s) seguinte(s): ...	is/are the following: ...
..., incluindo o/a(s) seguinte(s): ...	..., including the following: ...
aqui está/estão... :	here is/are... :
Listados abaixo estão os... :	Listed below are the... :
Eu listei...	I've listed...

Fazendo referências a seções dentro de um texto	Referring to sections within a text

Exemplo de uso:

...*As was mentioned before*, there are in fact two ways to advertise this type of product effectively: through television or by way of the internet. *The former* has a larger audience, but *the latter* can be more easily directed. *As you can see* in figure A *at the bottom of this proposal*, ...

... como foi mencionado anteriormente, na verdade há duas maneiras de anunciar esse tipo de produto de modo eficaz: através da televisão ou pela internet. A primeira tem um público maior, mas a segunda pode ser mais facilmente direcionada. Como se pode ver na figura A no fim desta proposta...

Fazendo referências a seções dentro de um texto	Referring to sections within a text
Como mencionado anteriormente, ...	As (was) mentioned before,
Abaixo, ...	Below, ...
Abaixo encontra(m)-se...	Below you will find...
os [itens] acima...	The above [items]...
Aquele/este / O primeiro/o último	The former/the latter
No topo/No final/no fim do(a)...	At the top/bottom of...
Na [seção] anterior, ...	In the previous [section], ...
Previamente n[este artigo], ...	Earlier in [this paper], ...
Posteriormente [neste relatório], ...	Later on in [this report], ...
Como você pode ver, ...	As you can see, ...

Fazendo referências a seções dentro de um texto (cont.)	Referring to sections within a text (cont.)
(veja ilustração)	(see illustration)
(veja figura 2.2)	(see figure 2.2)
(veja gráfico)	(see graph)
(veja seção 4)	(see section 4)

Tirando conclusões	Drawing conclusions

Exemplo de uso:

In the end it will be the children, not the administrators, who will decide whether or not the new policy is a good one. *After all*, they are the future not only of our institution, but of the heart and soul of our nation. *We therefore conclude that* the changes be implemented as soon as possible. *Based on our findings*, it is the only path that we can realistically go down at this point.

No fim, serão as crianças e não os administradores que decidirão se a nova política é boa ou não. Afinal, são elas que representam o futuro, não só da nossa instituição, como também o corpo e a alma da nossa nação. Portanto concluímos que as mudanças sejam implementadas assim que possível. Baseados nas nossas descobertas, este é o único caminho que podemos seguir de modo realista a essa altura.

Tirando conclusões	Drawing conclusions
Afinal, ...	After all, ...
No final...	In the end...
baseado em...	based on...
baseado n[os nossos] achados, ...	based on [our] findings, ...
baseados n[o relatório], nós concluímos que...	based on [the report], we have concluded that...
[nós] concluímos (que)...	[we] conclude(d) (that)...
portanto [nós] concluímos que...	[we] therefore conclude that...
..., que me/nos leva a concluir que...	..., which leads me/us to conclude that...
Portanto, ...	Therefore, ...
Só se pode concluir que...	One can only conclude that...

Descrevendo tendências — Tendency and trend

Exemplo:

Since the increase in police personnel, *we have seen a rapid decrease in* drug related crime. *It's still too early to say, but based on* this last month's crime report, I think it is very possible that this year could be the lowest crime-rate year since 1981 in our city. In fact, *given the present circumstances, it won't be long before* we can actually go out alone at night for a walk, or even drive with our windows down.

Desde o aumento no contingente da polícia, temos visto um declínio rápido nos crimes relacionados com a droga. Ainda é muito cedo para afirmar, mas, baseados nos relatórios criminais deste último mês, acredito ser bem possível que este ano seja o ano de menor taxa de criminalidade desde 1981 em nossa cidade. Na verdade, dadas as atuais circunstâncias, não está longe o dia em que poderemos sair sozinhos à noite para uma caminhada ou até dirigirmos com os vidros abaixados.

Descrevendo tendências	Tendency and trend
... tende/tendem a...	... tends/tend to...
Cada vez mais, .../Mais e mais	Increasingly, .../More and more, ...
Cada vez menos, ...	Less and less, ...
... a passos cada vez mais [rápidos/largos]	... at an increasingly [fast] pace
O que estamos observando é uma tendência da [música] [ficar mais barata].	What we are seeing is a tendency for [music] to [become cheaper].
..., temos visto um(a) [redução/aumento] em...	..., we have seen a(n) [decrease/increase] in...
Ultimamente, [a violência] vem [aumentando/diminuindo].	Lately, [crime] has been [on the rise/decreasing].
Desde [2001], [o nível de água] tem [subido bastante].	Ever since [2001], [the water level] has [risen significantly].
Dadas as circunstâncias atuais, não vai demorar muito até...	Given the present circumstances, it will not be long before...
Está chegando a um ponto em que...	It's reaching the point where...
Ainda é muito cedo para previsões, mas com base [nos números de venda do trimestre passado], eu acredito que...	It's still too early to say, but based on [last quarter's sales figures], I think...

Descrevendo tendências (cont.)	Tendency and Trend (cont.)
Estou vendo uma tendência [de queda/ de crescimento] em...	I see a [downward/rising] trend in...
... está [aumentando/diminuindo]...	... is on the [increase/decrease]...
... tem [diminuído/aumentado] (bastante)...	... has [come down/gone up] (significantly)...
[o tempo] tem estado [frio/quente]	[the weather] has been [cold/warm]

Pedindo e perguntando	Asking for things

Exemplo de uso:

Dear Simon and Aaron,

I'm afraid we're not quite clear on the payment terms for the shipment of 350 new IPM computers. *Could you elaborate on that for us? Do you mean that* you would like all of the money up front? *Could you tell us where the shipment is arriving*?

Also, *due to a matter that requires our immediate attention, I'm afraid we will be unable to meet the deadline of July 9* for the final draft of the new office design. *We apologize for any inconvenience this may cause and ask for your understanding.*

We were wondering if you could maybe give us some advice on something. We would like to expand our coverage to include Argentina and Uruguay – *any thoughts*? Weren't you developing a broadcasting tool that would allow us to do that? *What's the status on that product*?

We appreciate your patience on this matter and thank you in advance for any information you can provide.

Sincerely,

Ricardo Gomes da Silva

Caros Simon e Aaron,

Receio que os termos de pagamento do envio de 350 computadores IPM novos não tenham ficado muito claros. Vocês podem nos dar mais detalhes? Vocês querem dizer que gostariam de todo o dinheiro antecipado? Podem nos dizer quando o carregamento chega?

Devido a um assunto que exige nossa atenção imediata, também receio que não vamos conseguir cumprir o prazo de 9 de julho para o rascunho final do projeto do novo escritório. Pedimos desculpas por qualquer inconveniente que isso possa causar e pedimos sua compreensão.

Será que vocês não poderiam nos dar um conselho a respeito de uma coisa? Gostaríamos de expandir nossa cobertura para incluir Argentina e Uruguai – alguma sugestão?

Vocês não estavam desenvolvendo uma ferramenta de transmissão que nos permitiria fazê-lo? A quantas anda esse produto?

Gratos pela paciência e desde já, muito obrigado pelas informações que vocês possam nos dar.

Sinceramente,

Ricardo Gomes da Silva

Pedindo e perguntando	**Asking for things**
Pedindo paciência	**Asking for patience**
Peço/Pedimos desculpas pelo atraso...	I/We apologize for the delay...
... e espero/esperamos que isso não tenha causado inconveniente.	... and hope that it has not caused any inconvenience.
... e agora voltaremos a cumprir os prazos.	... and will now get back on schedule.
... e obrigado/a pela paciência e compreensão.	... and thank you for your patience and understanding.
Pedindo compreensão	**Asking for understanding**
Espero/Esperamos que você (s) compreenda(m).	I/We hope you understand.
Peço/Pedimos desculpas por qualquer inconveniente que isso possa causar e contamos com sua compreensão.	I/We apologize for any inconvenience this may cause and ask for your understanding.
Obrigado/a pela paciência e compreensão a respeito do assunto.	Thank you for your patience and understanding on this matter.

Pedindo prorrogação de prazo	Asking for time extension
Devido a [circunstâncias imprevistas/ alguns imprevistos/circunstâncias além de meu controle/uma doença inesperada/ um problema que exige toda a minha atenção], lamento não poder cumprir o prazo de [24 de agosto].	Due to [unforseen circumstances/ circumstances beyond my control/ an unexpected illness/a matter that requires my immediate attention], I am afraid that I will be unable to meet the deadline of [August 24].
... Calculo que serão necessárias mais [3] semanas para completar [o projeto].	... I now estimate that an additional [3 weeks] will be required in order to complete [the project].
... Minhas sinceras desculpas por qualquer inconveniente, mas espero muito poder terminar [o projeto] até [13 de setembro].	... I sincerely apologize for any inconvenience but do hope to be able to finish [the project] by [September 13].
... Portanto, peço que me conceda uma prorrogação de mais [3] [semanas] para que seja possível completar [o projeto].	... I therefore must ask that you grant me a time extension of [3] more [weeks] in order to complete [the project].

Pedindo esclarecimento	Asking for clarification
Receio que não entendi/Receamos que não entendemos [às condições de pagamento].	I'm/We're afraid I'm/we're not quite clear on [the payment terms].
Receio/Receamos não ter/mos compreendido perfeitamente o que significa ["rebimboca da parafuseta"]	I'm/We're afraid I/we didn't quite understand what you meant by ["thingamajig"]
... Você(s) poderia(m) me/nos explicar melhor?	... Could you elaborate on that for me/us?
... Você(s) poderia(m) explicar exatamente o que você(s) quer(em) dizer com isso?	... Could you explain what you mean exactly?
... Você(s) está(ão) falando [daquele "trequinho"]?	... Do you mean [that "thingy"]?

Pedindo conselho	Asking for advice
Será que você(s) não poderia(m) me/nos dar uns conselhos sobre uma coisa?	I was/We were wondering if you could maybe give me/us some advice on something.
[Me disseram que Bali é um mercado classe A]. Algum/a comentário/sugestão?	[I've been told Bali is a hot market.] Any thoughts?
Dada a sua experiência no [mercado canadense], será que eu poderia pedir uns conselhos?	Given your experience with [The Canadian market], I was wondering if I could ask your advice on something.

Pedindo uma atualização	**Asking for an update**
Como anda [a nova empresa]/andam [os projetos]?	How is [the new business]/are [the projects] coming along?
Quais são as novidades quanto ao [lançamento do livro]?	What's the latest on [the book launch]?
Você está sabendo alguma coisa sobre [a promoção de Ana]?	Have you heard anything regarding [Ana's promotion]?
A quantas anda [o acordo da Coreia]?	What's the status on [the Korea deal]?
Gostaria de saber notícias a respeito d[a sua situação financeira].	I was hoping to have an update on [your financial situation].
Você(s) pode(m) me/nos informar qual é a situação atual [da transferência bancária]?	Can you tell me/us what the current situation is with [the money transfer]?
Quanto você já fez de [seu livro]?	How far along are you on [your book]?
Alguma novidade?	Any new developments?
E aí? Quais são as novidades?	So, what's the latest?

Pedindo informação	**Asking for information**
Você(s) poderia(m) me/nos dizer...	Could you tell me/us...
... onde [chega a carga]?	... where [the shipment is arriving]?
... quando [chega o carregamento]?	... when [the shipment is arriving]?
... por que [a carga ainda não chegou]?	... why [the shipment has not arrived]?
... quem [fez o carregamento]?	... who [the shipment was made by]?
... como [a carga foi enviada]?	... how [the shipment was sent]?
... quanto [o carregamento vai custar]?	... how much [the shipment will cost]?
... quanto tempo [o carregamento vai demorar]?	... how long [the shipment will take]?

Pedindo maiores detalhes	**Asking for further information**
Poderia me/nos dar mais detalhes sobre...?	Could you tell me/us a little more about...?
Há alguma outra informação que você(s) poderia(m) me/nos fornecer sobre...?	Is there any more information you could give me/us about...?
A respeito de [custos de embarque], ...	Regarding [shipment costs], ...

Pedindo uma opinião	**Asking for feedback**
Me dê sua opinião sobre...	I was wondering if I could get your thoughts on...
Eu tenho [umas ideias] que eu queria que você me desse um palpite.	I have [a few ideas] I'd like to get your feedback on.
Me diz o que você acha de...	I'd like to know what you think about...

Pedindo uma prece/esperança	Asking for prayers/hope
Por favor rezem por...	Please pray for...
Por favor pensem positivo e mandem sua preces para [Andrea].	Please keep [Andrea] in your thoughts and prayers.
Peço/Pedimos que você(s) reze(m) por...	I/We ask that you pray for...

Pedindo dinheiro/caridade	Asking for money/charity
Eu/Nós lhe pedimos, em momento de extrema necessidade.	I/We come to you in a time of crucial need.
Vou/Vamos lhe oferecer a oportunidade de ser importante na vida de alguém.	I/We would like to offer you the opportunity to really make a difference in someone's life.
Isso não é o que eu faria normalmente, mas não sei mais a quem recorrer.	I would not normally do this, but I didn't know who else to turn to.

Pedindo orientação	Asking for direction

Exemplo de uso:

Dear Frank,

As you suggested, I tried the U.S. Department of the Treasury and got nowhere.

Any thoughts on what I should do next?

Take care,

Daniel

Caro Frank,

Como você sugeriu, eu tentei o Ministério da Fazenda dos EUA e não deu em nada. Alguma ideia do que eu possa fazer agora?

Juízo,

Daniel

Pedindo orientação	Asking for direction
Qual deveria ser o [nosso] próximo passo agora?	What should be [our] next step at this point?
Para onde [nós] seguimos a partir daqui?	Where do [we] go from here?
[Nós] deveríamos [mandar] agora...?	Should [we] now [send]...?
Alguma ideia a respeito do que [nós] deveríamos fazer agora?	Any thoughts on what [we] should do next?
Você poderia [nos] orientar um pouco quanto ao [nosso] modo de ação agora?	Could you give [us] some guidance as to what [our] course of action should be?
Você gostaria que [nós] [ficássemos]...?	Would you like [us] [to stay]...?

Informando	Informing

Exemplo de uso:

Dear Jennifer,

Just to let you know that your application is still here with me and that *you will be informed regarding your acceptance very soon.*

Sorry about the delays and I thank you again for considering us.

Yours sincerely,

Beatriz Barros

Cara Jennifer,

Só para lhe avisar que seu formulário de pedido ainda está aqui comigo e que você será informada da sua aceitação muito em breve.

Desculpe-me pelos atrasos e obrigada mais uma vez pela consideração.

Sinceramente,

Beatriz Barros

Informando (cont.)	Informing (cont.)
Eu/Nós temos [o prazer/a tristeza] de informar-lhe que...	I/We are (pleased/sorry) to inform you that...
Eu/Nós apenas queríamos que você soubesse que...	I/We just wanted to let you know that...
Apenas para que você saiba que...	Just to let you know that...
Para sua informação, ...	For your information, ...
Achei que você gostaria de saber que...	I thought you might like to know that...
Pensei que deveria chamar sua atenção para isto.	I thought I should bring this to your attention.
Você será informado...	You will be informed...
... numa futura data...	... at a later date...
... no tempo certo...	... in due course...
... num futuro próximo...	... in the near future...
... logo, em breve...	... very soon...
... tão logo eu/nós tenha/mos (alguma/mais) [notícias/novidades/detalhes]...	... as soon as I/we have (any/more) (news/new developments/details)...
... até o dia [30 de maio]...	... by [May 30th]...

Confirmando	Confirming

Exemplo de uso:

Eddie,

Just to confirm: Chicago is now officially on the schedule for the book tour and we have fit that into the morning of October 14th. *Are you sure that* you want to do so many cities? I do think it's worth the effort, but I'm just worried about you burning out in the first week!

I'm sure you'll do fantastic, as usual.

All the best,

Pedro

Eddie,

Só para confirmar: Chicago está oficialmente agendada para a turnê do livro e nós a encaixamos na do dia 14 de outubro. Você tem certeza de que quer passar por tantas cidades? Acho que vale a pena mesmo, mas só estou preocupado que você se acabe logo de cara na primeira semana!

Tenho certeza de que você vai se sair maravilhosamente, como sempre.

Tudo de bom,

Pedro

Confirmando (cont.)	**Confirming (cont.)**
Apenas para confirmar: ...	Just to confirm: ...
Só para ter certeza, ...	Just to make sure, ...
Eu apenas queria confirmar que...	I just wanted to confirm that...
Posso confirmar que...?	Can I confirm that...?
Você tem certeza de que...?	Are you sure that...?
É certo/garantido que...?	Is it certain that...?
É seguro dizer que...?	Is it safe to say that...?

Quantificando	**Quantifying**

Exemplo de uso:

One needs to take care when choosing a school to study abroad. *A significant amount of* schools are in the business of teaching just for the money, and this will leave a student with a most unsatisfying experience indeed.

Some warning signs are when an agency tries to sell you a course that supplies *little or no information* or *minimal* details about the school itself. One important element to a pleasant study experience is a smallish class size. If the school is offering a course with *groups of 20* as the limit per class, that should be a red flag for you to look elsewhere.

É necessário tomar muito cuidado ao escolher uma escola para estudar no exterior. Uma quantidade significativa de escolas está no ramo de ensino só pelo dinheiro, e isso vai deixar o aluno com uma experiência das mais insatisfatórias.

Um aviso é quando uma agência tenta vender um curso que dá poucas informações, informações mínimas ou informação nenhuma a respeito da escola em si. Um elemento importante para uma experiência de estudos agradável são turmas de tamanho reduzido. Se a escola estiver oferecendo um curso com grupos com o limite de 20 alunos por sala, esse deve ser o sinal vermelho de alerta para você procurar outro lugar.

Quantificando	Quantifying
alguns	some
muito/a(s)	a lot of
(não) muitos [computadores]...	(not) many [computers]...
poucas/muito poucas [empresas]...	a/very few [companies]...
poucos [indivíduos]...	few [individuals]
não muito [a fazer]	not much [to do]
muito [para pensar]	a lot [to think about]
um pouco de/pouquíssimo [tempo]	a little/very little [time]
nada ou quase nada de [dinheiro]	little or no [money]
quase nada de [informação]	almost no [information]
mínimo(s)/a(s)	minimal
incontável/eis	countless
o máximo/o mínimo possível	as much/little as possible
tanto [dinheiro] quanto [possível]	as much [money] as [possible]
nada [menos/mais] que...	nothing [less/more] than...
uma [minúscula/insignificante/quase imperceptível/muito pequena/pequena/significativa/notável/grande/inacreditável/impressionante/enorme/estarrecedora/incrível/ridícula/infinita] quantidade de...	a(n) [tiny/insigificant/barely noticeable/very small/small/significant/noticeable/large/amazing/impressive/enormous/overwhelming/incredible/ridiculous/infinite] amount of...
uma [pequena/grande] porção de...	a (small/large) portion of...
muito de...	much of...
partes de...	parts of...
grandes segmentos de...	large segments of...
[dez] por cento de...	[ten] percent of...
em grupos de [três]	in groups of [three]
[quatro] [pessoas] por vez	[four] [people] at a time
com (nenhum/muito pouco/pouco/muito) [espaço] para desperdiçar	with (no/very little/little/lots of) [room] to spare

Decidindo **Deciding**

Exemplo de uso:

Dear Kelly,

I've finally decided to do an English course, but *I don't know whether to* go to England or the United States. Which would you choose?

It's hard to decide. *I'm leaning towards* the United States because I already have some American friends and I like them a lot, but maybe I should explore a new culture. *Why don't you decide? I trust your judgement!*

Let me know what you think, OK?

Hugs,

Andreia

Querida Kelly,

Finalmente decidi fazer um curso de inglês, mas não sei se vou para a Inglaterra ou para os Estados Unidos. Qual você escolheria?

É difícil decidir. Estou pendendo para o lado dos Estados Unidos porque já tenho alguns amigos americanos e gosto muito deles, mas talvez eu devesse explorar uma cultura nova. Por que você não decide? Eu confio no seu julgamento!

Diga-me o que você acha, tá?

Abraços,

Andreia

Decidindo (cont.)	Deciding (cont.)
Eu não sei se..., ou...	I don't know whether to..., or...
É difícil decidir.	It's hard to decide.
Não consigo me decidir.	I can't make up my mind.
Não consigo me decidir entre ___ e ___	I can't make up my mind between ___ and ___
Já me decidi.	I've made up my mind.
Não me decidi (ainda).	I (still) haven't decided.
Ainda estou decidindo.	I'm still deciding.
Estou (pendendo) mais para...	I'm leaning towards...
É uma decisão difícil.	It's a tough decision.
Estava querendo ficar com...	I had my heart set on...
Qual você escolheria?	Which would you choose?
Se fosse escolher um, ficaria com...	If I had to choose one, I'd choose...
Para mim, tanto faz.	I don't feel strongly about either.
Você é quem sabe.	It's up to you.
Por que você não decide?	Why don't you decide?
Confio no seu bom-senso.	I trust your judgement./I leave it to your good judgement.
Escolha o que quiser.	You choose whatever you want.
O que você quiser.	You name it.
Você decide.	I leave it up to you.

Encorajando e desencorajando	Encouraging and discouraging

Exemplo de uso:

Dear Helen,

In reply to your questions regarding travel here in Rio de Janeiro, *I think it might be worth it for you to* come for the Carnival period in late February. *I'm not sure it would be a good idea to* come in September, since this is the time when Adriana and I can least get away from work (busy time at the office etc.).

If I were you, I'd start looking into fares as soon as possible, since flights tend to book up quite early for the Carnival season. Naturally, lodging is taken care of right here — that is if you and the family don't mind sharing a smallish place with three noisy kids.

All the best,

Fernanda

Querida Helen,

Respondendo às suas perguntas quanto a viajar para cá, para o Rio de Janeiro, acho que vale a pena você vir na época do Carnaval, final de fevereiro. Não tenho certeza se seria uma boa ideia vir em setembro, já que essa é a época em que Adriana e eu menos podemos sair do trabalho (época agitada no escritório etc.).

Se eu fosse você, começaria a dar uma olhada nas tarifas assim que possível, já que os voos tendem a lotar bem cedo para a temporada do Carnaval. Naturalmente, lugar para ficar a gente resolve aqui mesmo, quer dizer, isso se você não se importar em dividir um lugarzinho pequeno com três crianças barulhentas.

Tudo de bom,

Fernanda

Encorajando	**Encouraging**
Eu/Nós encorajamos você a...	I/We encourage you to...
Penso que talvez seja válido/valha a pena você...	I think it might be worth it for you to...
Se eu estivesse em seu lugar, eu [tentaria novamente]...	If I were you, I'd [try again]...
Eu realmente acho que você deveria...	I really think you should...

Desencorajando	**Discouraging**
Eu teria cuidado em [investir]...	I would be careful about [invest]ing...
Tome cuidado para não...	Be careful not to...
Não sei se seria uma boa ideia [ir]...	I'm not sure it would be a good idea to [go]...
Eu/Nós não lhe aconselho/amos a...	I/We do not advise you to...

Pedindo ação	Calling for action

Exemplo de uso:

Jenny,

We really need to get the ball rolling on this Frankfurt deal. The fair is right around the corner and the contact still has not gotten back to me. *I think it's time we* give them a little friendly push, don't you think?

Let me know what you think.

Best,

Ricardo

Jenny,

Realmente precisamos levar esse acordo com Frankfurt adiante. A feira está logo aí e o contato ainda não me respondeu. Acho que está na hora de darmos a eles um empurrãozinho de leve, não acha?

Dê-me sua opinião.

Tudo de bom,

Ricardo

Pedindo ação	Calling for action
Nós realmente deveríamos começar a agir.	We really must get this going.
A hora é já/agora é a hora.	The time is now.
É agora ou nunca.	It's (basically) now or never.
Acho que chegou a hora de nós...	I think it's time we...
Vamos levar isto adiante/em frente!	Let's get the ball rolling!
É hora de agir.	It's time for action.
Realmente precisamos levar isto adiante/em frente (com...)	We really need to get the ball rolling (on...)

Pedindo algo educadamente	Requesting politely

Exemplo de uso:

Hi Richard,

Could I get you to send me the new floorplans by overnight air? *If you can't, that's OK*. It's just that they would be useful to have for Friday's meeting.

Thanks a lot,

Lúcia

Oi, Ricardo,

Será que dá para você me mandar as plantas de construção no voo noturno? Se não der, tudo bem. É só que seria muito útil tê-las para a reunião de sexta-feira.

Valeu,

Lúcia

Pedindo algo educadamente	Requesting politely
Você poderia [me ligar]?	Could you [give me a call]?
Poderia lhe pedir para [me ligar hoje à tarde]?	Could I get you to [give me a call this afternoon]?
Você [far]ia [isso por mim]?	Would you [do] [that for me]?
Seria possível...?	Would it be possible to...?
Estava/ávamos me/nos perguntando se seria possível...	I was/We were wondering if it would be possible to...
Por acaso você poderia...?	Could you by any chance...?
Seria pedir muito...?	Would it be asking too much for you to...?
Se não for muito [pedir/inconveniente], você poderia...?	If it's not too much [to ask/trouble], could you...?

Pedindo algo educadamente (cont.)	Requesting politely (cont.)
Se não for pedir muito...	If it's not asking too much...
Por favor, não se sinta obrigado/a de forma alguma...	Please don't feel obliged in any way...
Se você não puder, tudo bem/eu entendo.	If you can't, that's OK/I understand.
Eu estava/Nós estávamos torcendo que eu/nós pudesse/éssemos [encontrar].	I was/We were hoping I/we could [meet].
... Você acha que seria possível?	... Do you think it would be possible?
... Isso está bom para você?	... Are you happy with that?

Agradecendo	Saying thanks

Exemplo de uso:

Dear Jane,

Just a quick note to say thanks for the wonderful dinner Friday. *It was very kind of you* and very nice to talk to you again.

Hugs,

Margareth

Querida Jane,

Só um bilhete para agradecer pelo jantar maravilhoso de sexta-feira. Foi muito gentil da sua parte e muito bom falar com você de novo.

Abraços,

Margareth

Agradecendo	Saying thanks
Apenas queria dizer obrigado/a por...	I just wanted to say thanks for...
Apenas um recado para agradecer por...	Just a quick note to say thanks for...
Eu realmente queria agradecer por...	I really wanted to thank you for...

Agradecendo (cont.)	Saying thanks (cont.)
Acredito que lhe devo um agradecimento por...	I believe I owe you a debt of gratitude for...
Deixe-me agradecer novamente por...	Let me say thanks again for...
... Eu estou muito agradecido por isso.	... I really appreciate it.
... Foi muito generoso de sua parte.	... It was very kind of you.
... Espero poder fazer o mesmo por você algum dia.	... I hope to be able to return the favor sometime.
... Fico te devendo essa.	... I owe you one.
... É bom saber que tenho amigos tão [legais/confiáveis/gentis] quanto você.	... It's nice to know I have friends as [nice/reliable/kind] as you.

Pedindo desculpas | **Apologizing**

Exemplo de uso:

Dear Jeff and Deanne,

I just wanted to apologize for not being able to attend the grand opening of your new business. *I hope you can accept my apologies*.

I just wanted to let you know how badly I feel for missing such an important event for you two. I unfortunately was called back to the office on a last minute international meeting and there was no way I could get out of it. *I hope that you understand.*

Though it was no one's fault, I wanted to say I'm sorry and *if there's any way I can make it up to you, please let me know*. That's what friends are for.

Take care,

Nancy

Queridos Jeff e Deanne,

Só queria pedir desculpas por não ter conseguido ir à abertura do seu novo empreendimento. Espero que vocês me perdoem.

Só queria que vocês soubessem que eu fico muito chateada de perder um evento tão importante para vocês dois. Infelizmente, me chamaram de volta ao escritório para uma reunião internacional de última hora e não tinha como eu escapar. Espero que vocês entendam.

Embora ninguém tenha culpa, queria pedir desculpas e, se houver qualquer coisa que eu possa fazer para compensar, me deem um toque. É para isso que servem os amigos.

Cuidem-se,

Nancy

Pedindo desculpas	Apologizing
Peço/Pedimos desculpas por...	I/We apologize for...
Eu só queria me/Nós só queríamos nos desculpar por...	I/We just wanted to apologize for...
Me sinto (um/a imbecil/idiota/babaca) por...	I feel like such (a fool/an idiot/a dummy) for...
Creio que lhe devo desculpas por...	I believe apologies are in order for...
Espero que você(s) aceite(m) minhas desculpas...	I hope you can accept my apologies...
Só queria que você soubesse como me sinto mal por...	I just wanted you to know how badly I feel for...
Espero/Esperamos que...	I/We hope that...
... possamos botar uma pedra no assunto.	... we can put this behind us.
... você(s) possa(m) me/nos perdoar.	... you can forgive me/us.
... você(s) compreenda(m).	... you understand.
Apesar de não ter sido culpa de ninguém, queria/queríamos dizer que sinto/sentimos muito.	Though it was no one's fault, I/we wanted to say I'm/we're sorry.
Se existe algo que eu/nós possa/possamos fazer para compensar, por favor não exite/em me/nos dizer.	If there's any way I/we can make it up to you, please let me/us know.

Confirmando o falado por escrito	Follow-ups

Exemplo de uso:

Dear Stuart,

Just to confirm what we talked about on the phone, I will gather at least three different estimates that will take into account both studio and editing time, and will try to get that to you by no later than early next week.

I really think this added component of the series will be a big success and my congratulations to you on having thought of the idea in the first place.

All the best,

Andrew

Caro Stuart,

Só para confirmar o que conversamos ao telefone, vou juntar pelo menos três orçamentos diferentes que vão levar em consideração tanto horas de estúdio quanto horas de edição, e vou tentar te passar essa informação até o começo da semana que vem.

Acho que esse componente adicional da série vai ser um grande sucesso e, parabéns por você ter tido a ideia em primeiro lugar.

Tudo de bom,

Andrew

Confirmando o falado por escrito	Follow-ups
Como discutimos ao telefone, ...	As we discussed over the phone, ...
Em complemento a nossa conversa por telefone, ...	Further to our conversation on the phone, ...
Isto confirmará nossa conversa ao telefone [do dia 3 de outubro], na qual...	This will confirm our telephone conversation of [October 3], in which...
Para complementar nossa conversa de [ontem], ...	Further to our conversation [yesterday], ...
Apenas para reafirmar sobre o que discutimos, ...	Just to follow up on what we discussed, ...
Apenas para confirmar o que falamos (ao telefone), ...	Just to confirm what we talked about (on the phone), ...
Como mencionei (ontem), ...	As I mentioned (yesterday), ...
Como indiquei (ao telefone), ...	As I indicated (over the phone), ...
Como foi discutido, ...	As was discussed, ...

Escrevendo em nome de alguém | **Writing on behalf of others**

Exemplo de uso:

Dear Ms. Dempsey:

Laura Barbosa *is currently away on business* and *has asked that I reply in her absence*.

Regarding your query about course dates, our spring semester will begin on February 18, but the deadline for tuition payments is January 5, so I recommend getting the enrolment process started as early as possible.

As requested, I am attaching enrolment forms and fee schedules, etc. Please feel free to contact me at the Registrar's office at your convenience.

Sincerely,

Márcio Rodrigues

Cara Sra. Dempsey,

Laura Barbosa está viajando a negócios no momento e me pediu que respondesse em sua ausência.

Com relação à sua pergunta sobre datas de curso, nosso semestre de primavera começará dia 18 de fevereiro, mas o prazo para pagamento das aulas é dia 5 de janeiro, portanto recomendo começar o processo de matrícula assim que possível.

Conforme pedido, estou anexando o cronograma de taxas e formulários de matrícula etc. Por favor, sinta-se à vontade para entrar em contato comigo na secretaria quando quiser.

Sinceramente,

Márcio Rodrigues

Escrevendo em nome de alguém	Writing on behalf of others
[Sr. Severo] está no momento/ temporariamente [ausente/em uma conferência/viajando a negócios/ocupado/ em uma reunião/de férias]...	[Mr. Severo] is currently/temporarily [away/away at a conference/away on business/unavailable/in a meeting/ on vacation]...
... e estará de volta [em/por volta do dia/a partir de] [8 de dezembro].	... and will be back [on/around/by] [December 8].
... e pediu que eu respondesse em [sua] ausência.	... and has asked that I reply in [his] absence.
... e portanto, infelizmente, não poderá responder no momento.	... and so unfortunately will be unable to reply at this time.
Enquanto isso, [Sr. Severo] pode ser contactado no [555-5678].	In the meantime, [Mr. Severo] can be reached at [555-5678].
Peço/Pedimos desculpas por qualquer inconveniente.	I/We apologize for any inconvenience.
Em nome do [comitê] eu gostaria de...	On behalf of [the committee], I would like to...
... dar umas calorosas boas-vindas.	... extend a warm welcome.
... recebê-los no/a [Britanic Industries].	... welcome you to [Britanic Industries].
... parabenizá-lo/la/los/las por [seu novo bebê].	... congratulate you on [your new baby].
... agradecer-lhe/lhes por [suas valiosas contribuições].	... thank you for [your valuable input].
... dizer que nós todos sentimos muito ao saber [da doença de sua filha].	... say we were all sorry to learn of [your daughter's illness].
... me desculpar por [este grande mal-entendido].	... apologize for [this terrible misunderstanding].
Eu estou escrevendo em nome da [Senhora Ferreira] que está atualmente [viajando a negócios/ocupada/de férias/ em uma conferência].	I am writing on behalf of [Ms. Ferreira], who is currently [away on business/ unavailable/on vacation/away at a conference].

Fazendo lembrar	Reminding

Exemplo de uso:

Erik,

Just a little reminder that tomorrow's meeting has been canceled.

By the way, did you remember to send Maria the sales figures?

Take care,

Daniel

Erik,

É só para lembrar que a reunião de amanhã foi cancelada.

A propósito, você lembrou de mandar os números de vendas para a Maria?

Se cuida,

Daniel

Fazendo lembrar	Reminding
Eu só queria lembrá-lo de que...	I just want to remind you that...
Apenas um lembrete de que...	Just a little reminder that...
Por falar nisso, eu achei que deveria lembrá-lo de que...	By the way, I thought I should remind you that...
Por falar nisso, você se lembrou de [ligar]/ que [amanhã]...	By the way, did you remember [to call]/ that [tomorrow]...
Lembre-se: ...	Remember: ...
Não se esqueça de [enviar]/que na [próxima semana]...	Don't forget [to send]/that [next week]...

2

Frases para cartas sociais

Expressions for social letters

Mantendo contato com amigos distantes **Keeping up with friends far away**

Exemplo de uso:

Dear Karine,

I'm sorry I haven't written in so long. You know... work, school, the kids etc. *But enough about me... how are you?* Well, I hope. You know, *I really miss you.* A lot. How is work? *Are you still* going out with Lonnie?

I'm still working too much and making too little. What else is new, right? Anyway, I just wanted to write to say hello. Let's keep in touch. *I can't wait to hear your news* and *all the juicy gossip!*

Take good care,

Clóvis

Querida Karine,

Desculpe não ter escrito há tanto tempo. Sabe como é... trabalho, escola, filhos etc. Mas chega de falar de mim... como você está? Bem, eu espero. Sabe, estou com muita saudade de você. Demais. Como anda o trabalho? Você ainda está namorando com o Lonnie?

Ainda estou trabalhando muito e ganhando pouco. Grande novidade, né? De qualquer forma, só queria dar um oi. Vamos manter contato. Não vejo a hora de saber as suas novidades e toda a fofoca quente!

Cuide-se bem, tá?

Clóvis

Mantendo contato com amigos distantes	**Keeping up with friends far away**
Logo após a volta	**Shortly after arrival**
Bem, aqui estou eu em [Florianópolis].	Well, here I am in [Florianopolis].
Foi muito bom ver [meus amigos] novamente.	It was really great seeing [my friends] again.
É muito bom ver [minha família] novamente.	It's really nice to see [my family] again.
... eu realmente senti saudades deles.	... I really missed them.
Mas é meio estranho...	It's a little strange, though.
Eu não estou mais acostumado a[o calor].	I'm not used to [being in hot weather] anymore.
Eu tenho que admitir...	I have to admit...
... eu (realmente) já sinto saudades d[a comida] da [Espanha]	... I (really) miss [the food] in [Spain] already.
Eu me diverti muito na [Espanha]...	I really had a good time in [Spain]...
... e espero voltar logo.	... and I hope to return soon.
... e espero poder voltar algum dia.	... and I hope to see it again sometime.
Eu quero que você saiba que...	I want you to know that...
... você pode vir me visitar quando quiser.	... you can come and visit me anytime you want.
... você pode ficar aqui comigo sempre que desejar.	... you can stay here with me anytime you want.
... você pode ficar aqui por quanto tempo você quiser.	... you can come and stay for as long as you like.
... serei sempre seu amigo.	... you have a friend in me forever.

Algum tempo depois	After some time has passed
Como você tem passado?	How have you been?
Ultimamente eu tenho [trabalhado muito].	These days I have been [working a lot].
Como estão as coisas com você?	How are things with you?
Como está [a sua mãe]?	How is [your mother]?
Como estão [as crianças]?	How are [the kids]?
Mas chega de falar de mim... como vai você?	But enough about me... how are you?

Após um longo período de silêncio	After long silence
Desculpe eu não ter escrito por tanto tempo.	Sorry I haven't written in so long.
Eu tenho estado muito ocupado [abrindo meu novo negócio].	I've been so busy [opening my new business].
Eu sinto muitas saudades de você.	I really miss you.
Você ainda está [trabalhando na ABC Computers]?	Are you still [working at ABC Computers]?
Escreva respondendo em breve!	Write back soon!
Eu mal posso esperar para...	I can't wait to...
... receber um(a) carta sua/e-mail seu.	... get a letter/e-mail from you.
... saber das novidades.	... hear your news.
... saber todas as fofocas!	... hear all the (juicy) gossip!

Cartas de amor	Love letters

Exemplo de uso:

My dear Chris,

I miss you so much. You have no idea. *I can't wait till I see you again!*

Why do you have to live so far away? Don't worry, you're worth the wait. *There is no distance that could keep us apart,* my love. But still, I do miss you very, very much.

I miss the sound of your voice. I miss your laugh... your smile. I miss our long conversations... I miss your sense of humor. I love you so much. *You really make me happy.*

I'm sorry about getting paranoid about your friend Pat. *I get so jealous sometimes — I can't help it.* It's the distance, I think. *I can't bear this distance between us.* But that's OK. I will wait.

A million hugs.

Love,

Darcy

Meu querido Chris,

Estou morrendo de saudade. Você não faz ideia. Não vejo a hora de te ver de novo!

Por que você tem que morar tão longe? Tudo bem, você vale a espera. Não há distância que possa nos separar, meu amor. Mas, ainda assim, tenho tanta, mas tanta saudade.

Tenho saudade da sua voz, da sua gargalhada, do seu sorriso. Tenho saudade das nossas longas conversas... saudade do seu senso de humor. Te amo tanto. Você me faz tão feliz. Perdoe-me por ficar meio maluca por causa da sua amiga Pat. É que às vezes eu fico com tanto ciúmes, não dá para evitar. Acho que é por causa da distância. Não aguento essa distância entre nós. Mas tudo bem. Eu fico esperando.

Um milhão de abraços,

Com amor,

Darcy

Cartas de amor (cont.)	Love letters (cont.)
Amor a distância	**Long-distance love**
Não há distância que consiga nos separar.	There is no distance that could keep us apart.
Não vejo a hora de vê-lo novamente.	I can't wait till I see you again.
Estou contando os [dias/horas/minutos/segundos] até o nosso próximo encontro.	I'm counting the [days/hours/minutes/seconds] until next we meet.

Amor a distância (cont.)	Long-distance love (cont.)
Por que eu tenho/você tem que morar tão longe?	Why do I/you have to live so far away?
Não suporto essa distância entre nós.	I can't bear this distance between us.
Não sei quanto tempo eu vou/nós vamos conseguir continuar desse jeito.	I don't know how long I/we can go on like this.
Preciso tanto vê-lo.	I need to see you so badly.
Eu sinto tanto a sua falta (que dói).	I miss you so much (it hurts).
Eu sinto falta...	I miss...
... do som da sua voz.	... the sound of your voice.
... dos seus beijos (carinhosos).	... your (gentle) kisses.
... do seu toque (carinhoso).	... your (loving) touch.
... do jeito que você me abraça.	... the way you hold me.
... de tê-lo/a do meu lado.	... having you by my side.
... de poder lhe tocar, lhe sentir.	... being able to touch you, to feel you.
... de acordar ao seu lado.	... waking up with you by my side.
... de tocar o seu cabelo.	... running my fingers through your hair.
... de lhe beijar/abraçar/tocar.	... kissing/holding/touching you.
... de fazer amor com você.	... making love to you.
... do seu sorriso.	... your smile.
... da sua risada.	... your laugh.
... do seu cheiro.	... your smell.
... do seu abraço (caloroso).	... your (warm) embrace.
... das nossas longas conversas.	... our long conversations.
... de seu senso de humor.	... your sense of humor.
Não poder [ver] você está me enlouquecendo.	Not to be able to [see] you drives me crazy.
Estava olhando [a sua foto].	I've been looking at [your picture].
...Você é realmente [bonito/bonita], sabia?	...You really are [handsome/beautiful], you know that?
Sou uma pessoa de sorte de ter alguém como você.	I feel so lucky to have someone like you.
Você é tão especial (para mim), sabia?	You are so special (to me), you know that?
Você realmente me faz feliz.	You really make me happy.
Às vezes sinto tanto ciúme.	I get so jealous sometimes.
Espero que você não se importe muito que eu tenha um pouco de ciúmes de vez em quando.	I hope you don't mind if I get a little jealous sometimes.

Amor a distância (cont.)	Long-distance love (cont.)
... não consigo me controlar.	... I can't help it.
Acontece que você é muito [bonito/bonita]!	It's just that you are so [handsome/ beautiful]!
Você sabe que eu confio em você.	You know I trust you.
São os/as outros/as [homens/mulheres] em quem eu não confio.	It's the other [men/women] I don't trust.
Espero que os seus sentimentos não tenham mudado.	I hope your feelings haven't changed at all.
O que eu sinto por você vai ficando a cada [segundo/minuto/hora/dia] mais forte.	My feelings for you grow stronger by the [second/minute/hour/day].

Namoro novo	New love
Gostei muito de lhe conhecer.	It was really nice meeting you.
Você não sai da minha cabeça desde que eu fui/você foi embora.	You've been on my mind quite bit since I/you left.
O que você fez comigo? Não consigo tirar você da minha cabeça!	What have you done to me? I can't get you out of my mind!
Acho que você me enfeitiçou.	I think you've cast some kind of spell on me.
Estou ficando viciado em você.	I'm getting hooked on you.
Faz [muito tempo/anos] que não me sinto assim.	I haven't felt like this in [a long time/years].
Desde o dia que nos conhecemos, tenho [andado nas nuvens].	Ever since the day we met, I've been [walking in a daze].
Aquele/a [noite] quando nós [dançamos], eu...	That [night] when we [danced], I...
Espero que você não me ache muito abusado/a em dizer isto, mas...	I hope you won't think I'm too forward in saying this, but...
Espero que você não ache que estejamos precipitando as coisas.	I hope you don't think this is going too fast.
Eu não me importo com o que os outros dizem ou pensam, eu....	I don't care what others say or think, I...

Anúncios | Announcements

Exemplo de uso:

Mr. Osvaldo Rodrigues and Ms. Alice Ferreira
have the honor to announce the engagement
of their daughter Tatiana
to Mr. Ronaldo Martins

Sr. Osvaldo Rodrigues e Sra. Alice Ferreira
têm a honra de anunciar o noivado
de sua filha Tatiana
com o Sr. Ronaldo Martins

Anúncios | Announcements

Para "*Casamentos*", veja a página 133.

Noivado – formal	Engagement – formal
Sr. Sérgio Silva e Sra. Ana Carla Machado têm a/o [honra/prazer] de anunciar o noivado da sua filha [Andréa] com o [Sr. Orlando C. Martins]	Mr. Sergio Silva and Ms. Ana Carla Machado have the [honor/pleasure] to announce the engagement of their daughter [Andrea] to [Mr. Orlando C. Martins]

Noivado – menos formal	Engagement – less formal
Eu estou/Nós estamos [contentes/felizes] em anunciar...	I am/We are [pleased/excited] to announce...
Tenho/Temos a grande alegria de anunciar...	It gives me/us great pleasure to announce...
Eu/Nós queria/íamos que você(s) fosse(m) o(s) primeiro(s) a saber...	I/We wanted you to be the first to know...
... que [Cris] e eu decidimos nos casar!	... that [Cris] and I have decided to get married!

Bebê recém-nascido	New baby
Sr. e Sra. Sérgio Silva...	Mr. and Mrs. Sergio Silva...
Eu/Nós...	I/We...
... temos o prazer de anunciar...	... take pleasure in announcing...
... estamos contentes/alegres/felizes em anunciar...	... are pleased/happy/excited to announce...
... o nascimento de...	... the birth of...
... a adoção de...	... the adoption of...
... que eu sou/nós somos o(s) orgulhoso(s) pai(s)...	... that I am/we are the proud parent/s...
... de um(a) menino/menina, [Cris Gail]...	... of a son/daughter, [Cris Gail]...
... de nosso segundo/a filho/a, [Cris Gail]...	... of their second son/daughter, [Cris Gail]...
... de gêmeos/trigêmeos/quadrigêmeos/ quíntuplos...	... of twins/triplets/quadruplets/ quintuplets...
Ambas, mãe e filha, estão bem.	Both mother and daughter are doing well.
Não posso/poderíamos estar mais feliz(es).	I/We couldn't be happier.
[Cris] nasceu às [8:40] d[a manhã] no [Hospital São Luis] em [Belo Horizonte].	[Cris] was born at [8:40] in the [morning] at [Hospital São Luis] in [Belo Horizonte].
Ele/Ela pesa [3 kilos], [450 gramas]...	He/She weighs [7 pounds], [9 ounces]...
...e ele/ela é a cara de seu/sua pai/mãe...	... and he/she looks just like his/her father/mother...
... e tem os [olhos] do seu/da sua pai/mãe...	... and has his/her father's/mother's [eyes]...
Nós nos sentimos abençoados.	We feel very blessed.
Nós estamos muito orgulhosos.	We are very proud.

Notícia de falecimento	Death notice
É com grande tristeza que devo dizer-lhe(s) que [meu pai] morreu/faleceu [ontem, dia 5 de junho]	It is with great sadness that I must tell you that [my father] died/passed away [yesterday, June 5]
O funeral será realizado...	The funeral will be held...
Nós realizaremos uma missa de sétimo dia...	We will be conducting a memorial service...
Missa de sétimo dia será realizada...	Memorial services will be held...
... na [Igreja de São João] às [12 horas] n[a quinta-feira, dia 7 de junho]	... at [St. John's Church] at [12:00pm] on [Thursday, June 7]
Esperamos poder vê-lo(s) para também compartilhar as suas lembranças d[o nosso pai]	We hope you can come and share your memories of [our father]

Formatura	Graduation
Sr. e Sra. Sérgio Silva estão orgulhosos de anunciar a formatura de seu/sua filho/a [Cris] da Universidade de São Paulo no sábado, dia 3 de maio de 2001, às 15 horas	Mr. and Mrs. Sergio Silva are proud to announce the graduation of their son/daughter [Cris] from the University of São Paulo on Saturday, 3:00pm, May 3, 2001
Cerimônia a ser realizada no Recanto dos Bandeirantes, Avenida John F. Kennedy, 1234, São Paulo, Brasil	Ceremony to take place at Recanto dos Bandeirantes, 1234 John F. Kennedy Avenue, São Paulo, Brazil
Você(s) está(o) convidado(s) à recepção a ser realizada depois da cerimônia na Rua José Horácio Meirelles Teixeira, 1234, São Paulo, Brasil	You are invited to a reception following the graduation ceremony to be held at 1234 Rua José Horacio Meirelles Teixeira, São Paulo, Brazil
... das 17 às 20 horas	... from 5:00pm to 8:00pm
... Favor confirmar presença/RSVP	... RSVP

Convites	Invitations

Exemplo de uso:

We would love you join us for dinner
on Saturday, May 7 at 8 o'clock.
200 Rua do Loreto, Morumbi

We hope you can make it!

RSVP – 011-3740-8100

Nós adoraríamos que vocês viessem jantar conosco no sábado, dia 7 de maio, às 20 horas.
Rua do Loreto, 200 – Morumbi

Contamos com sua presença!

Favor confirmar presença – 011-3740-8100

Convites (cont.) / Invitations (cont.)

Para "Casamentos", veja a página 133

Para jantar – formal

Sr. e Sra. Silva gostariam de ter o prazer da sua presença para jantar...
... na quinta-feira, treze de abril
... às sete horas e trinta minutos
Rua Gomes Carvalho, 390, Joinville, SC
... Favor confirmar presença/RSVP

To dinner – formal

Mr. and Mrs. Sérgio Silva request the pleasure of your company at dinner...
... on Thursday, the Thirtieth of April
... at half past seven o' clock
390 Gomes Carvalho Street, Joinville, SC
... RSVP

Para jantar – menos formal

Eu/Nós gostaria/íamos de convidá-lo para jantar comigo/conosco...
Eu/Nós adoraria/íamos que você se juntasse a nós para jantar...
[John] e eu faremos um jantar...
... para comemorar [a nova mudança]
... no domingo, 8 de dezembro
... às 7:30
Rua Laidley, 1590, San Francisco, CA
Eu/Nós esperamos que você possa ir!
Espero/amos te ver lá!

To dinner – less formal

I/We would like to invite you to have dinner with me/us...
I/We would love you join us for dinner...
[John] and I are having a dinner party...
... to celebrate [the new move]
... on Sunday, December 8
... at 7:30
1590 Laidley Street, San Fracisco, CA
I/We hope you can make it!
Hope to see you there!

Para uma festa de aniversário

Estou fazendo uma festa de aniversário!
[Antônio] está fazendo 5 aninhos!
Venha celebrar conosco os [7 anos] de [Ana]!
Não precisa trazer presente!
Apenas traga você mesmo!
Traga um amigo!

To a birthday party

I'm having a birthday party!
[Antônio] is turning 5!
Come help us celebrate [Ana]'s [7th] birthday!
No gifts, please!
Just bring yourself!
Bring a friend!

Para um aniversário de casamento	To a wedding anniversary
Mark, Mayte and Erik Sanchez, filhos do Sr. e Sra. Lucas Sanchez...	Mark, Mayte and Erik Sanchez, children of Mr. and Mrs. Lucas Sanchez...
... gostariam de ter o prazer de sua presença...	... request the pleasure of your company...
... na festa comemorativa dos [cinquenta] anos de casamento de seus pais...	... at a party celebrating their parents' [fiftieth] wedding anniversary...
... no sábado, [dezoito] de agosto...	... on Saturday, the [eighteenth] of August...
... às [oito] horas	... at [eight] o' clock
... no Hotel Hilton, Rua Ipiranga, 1800, São Paulo	... at the Hilton Hotel, 1800 Ipiranga, São Paulo

Cancelando um convite	Canceling an invitation
Devido a...	Due to...
Por causa de...	Because of...
... uma inesperada doença na família...	... an unexpected illness in the family...
... acontecimentos imprevistos...	... unforeseen circumstances...
... algo que necessita de atenção imediata...	... a matter which requires immediate attention...
Eu/Nós terei/remos de cancelar [o jantar] no dia [8 de dezembro].	I/We will have to cancel [the dinner party] on [the 8th of December].
Eu/Nós infelizmente estou/estamos adiando [a festa de formatura da Diana].	I/We am/are regrettably postponing [Diana's graduation celebration].
... Nós sentimos muito em desapontá-los.	... We are very sorry to have to disappoint everyone.
... Nós os manteremos informados de qualquer outra mudança.	... We will keep you abreast of any further changes.
... Nós tentaremos remarcar para outra data.	... We will try to reschedule at a later date.
Novamente, nos desculpamos por qualquer inconveniente que isto tenha causado.	Again, we apologize for any inconvenience this will cause anyone.

Chás de bebê/cozinha	Showers
Eu tenho/Nós temos o prazer de convidá-lo para o chá de [bebê] de [Heloísa]...	I/We are pleased to invite you to [Heloisa]'s [baby] shower...
... que se realizará na [quarta-feira, dia 9 de junho] às [13:00h].	... to be held on [Wednesday, June 9] at [1:00pm].
Eu/Nós espero/amos que você possa comparecer.	I/We hope you will be able to attend.
Nós esperamos ver você lá!	We hope to see you there!
Por favor, sinta-se à vontade para trazer um amigo.	Please feel free to bring a friend.

Respondendo a convites	Replying to invitations

Aceitando	Accepting
Eu terei/Nós teremos muito prazer em comparecer a(o) seu/sua [recepção de casamento] no dia...	I/We will be delighted to attend your [wedding reception] on...
Eu vou/Nós vamos adorar.	I/We will be happy to come.
Obrigado por me/nos lembrar!	Thanks for remembering me/us!

Recusando – formal	Declining – formal
Eu/Nós lamento/tamos não poder comparecer a(o) seu/sua [coquetel] no dia...	I/We regret that I/we will be unable to attend your [cocktail reception] on...

Recusando – menos formal	Declining – less formal
Eu/Nós infelizmente não vou/vamos poder ir a seu/sua [festa de aniversário] no dia...	I'm/We're afraid we won't be able to make it to your [birthday party] on...

Expressando arrependimento	Expressing regret
Que pena!	What a shame!
Eu/Nós realmente queria/íamos ir.	I/We really wish we could go.
Parece que vai ser muito divertido.	It sounds like it's going to be a lot of fun.
Tenho certeza de que vai ser um grande sucesso.	I'm sure it will be an outstanding success.

Expressando arrependimento (cont.)	**Expressing regret (cont.)**
Obrigado/a, de qualquer maneira, por ter pensado em mim/nós.	Thanks anyway for thinking of me/us.
Receio/Receamos ter outros compromissos.	I'm afraid I've/we've made other plans.
Infelizmente, eu tenho/nós temos que [trabalhar] durante essa [semana].	Unfortunately, I/we have to [work] that [week].
Infelizmente, há um(a) [reunião] muito importante nesse [dia] que eu preciso [ir].	Unfortunately, there is a very important [meeting] that [day] that I have to [attend].
Eu/Nós infelizmente estarei/remos [viajando/fora da cidade] durante [essa semana].	I/We unfortunately will be [traveling/out of town] for [that week].

Casamentos	**Weddings**

Exemplo de uso:

Mr. and Mrs. Fernando de Oliveira
request the honor of your presence
at the marriage of their daughter Júlia
on Saturday evening, the twentieth of July at five o'clock
Nossa Senhora dos Prazeres Church
Jaboatão dos Guararapes, Pernambuco

Sr. e Sra. Fernando de Oliveira
solicitam a honra da sua presença
no casamento de sua filha Júlia
no sábado à tarde, dia 20 de julho, às 17 horas
na Igreja Nossa Senhora dos Prazeres
Jaboatão dos Guararapes, Pernambuco

Casamentos (cont.)	Weddings (cont.)
Tradicional/Religioso	**Traditional/Religious**
Sr. e Sra. Sérgio Silva...	Mr. and Mrs. Sérgio Silva...
... solicitam a honra da sua presença...	... request the honor of your presence...
... no casamento da sua filha [Andréa]...	... at the marriage of their daughter [Andréa]...
... no [sábado] de [manhã]...	... on [Saturday] [morning]...
... dia [vinte e nove] de [outubro]	... the [twenty-ninth] of [October]
... às [duas] horas	... at [two] o'clock...
... [Igreja de São Paulo]...	... [St. Paul's Church]...
... [Salvador, BA]...	... [Salvador, BA]...
Convite à recepção (incluído no convite ao casamento)	**Reception invitation (included in wedding invitation)**
Sr. e Sra. Sérgio Silva...	Mr. and Mrs. Sergio Silva...
... solicitam o prazer de sua companhia...	... request the pleasure of your company...
... na recepção...	... at a reception...
... na residência de [Sr. e Sra. Paiva]...	... at the residence of [Mr. and Mrs. Paiva]...
... imediatamente seguida da cerimônia...	... immediately following the ceremony...
... [sábado]...	... [Saturday]...
... dia [vinte e nove] de [outubro]	... the [twenty-ninth] of [October]
... às [cinco] horas...	... at [five] o'clock...
... [Avenida dos Tajurás, 212...]	... [212 Tajuras Avenue...]
... [Salvador, BA]...	... [Salvador, BA]...
Convite apenas à recepção de casamento apenas	**Invitation to wedding reception only**
Sr. e Sra. Sérgio Silva...	Mr. and Mrs. Sérgio Silva...
... solicitam o prazer de sua companhia...	... request the pleasure of your company...
... na recepção de casamento da sua filha [Andréa]...	... at the wedding reception of their daughter [Andréa]...
... e Sr. Orlando Martins...	... and Mr. Orlando Martins...
... no [sábado], dia [vinte e nove] de [outubro]...	... on [Saturday], the [twenty-ninth] of [October]...
... às [cinco] horas...	... at [five] o'clock...
... [Avenida dos Tajurás, 212]	... [212 Tajuras Avenue...]
... [Salvador, BA]...	... [Salvador, BA]...

Convite para casamento e recepção juntos	Wedding and reception invitation combined
Sr. e Sra. Sérgio Silva...	Mr. and Mrs Sérgio Silva...
... solicitam a honra de sua presença...	... request the honor of your presence...
... no casamento da sua filha [Andréa]...	... at the marriage of their daughter [Andréa]...
... com Sr. Orlando Martins...	... to Mr. Orlando Martins...
... no [sábado], dia [vinte e nove] de [outubro]...	... on [Saturday], the [twenty-ninth] of [October]...
... às [duas] horas...	.. at [two] o'clock...
... [Igreja de São Paulo]...	... [St. Paul's Church]...
... [Salvador, BA]...	... [Salvador, BA]...
... e depois na recepção...	... and afterwards at a reception...
... na [Avenida dos Tajurás, 212]...	... at [212 Tajuras Avenue]...

Se não houver ninguém na família para fazer o convite	If there is no one in the family to issue the invitation
A honra de sua presença está solicitada...	The honor of your presence is requested...
... no casamento de [Andréa Arrabal] com [Orlando Martins]...	... at the marriage of [Andréa Arrabal] and [Orlando Martins]...

Parabenizando — Congratulations

Exemplo de uso:

Dear Jane,

How happy and proud you must be to have such a beautiful baby girl. Congratulations! From the photo you sent, *I can see she has your green eyes and Anthony's dark hair*. She's such a cutey!

Congratulations to you both!

Suely

Cara Jane,

Você deve estar muito feliz e orgulhosa de ter um bebê tão lindo. Parabéns!
Pela foto que você mandou, vejo que ela tem seus olhos e o cabelo escuro do Antônio.
Ela é uma gracinha!

Meus parabéns a vocês dois!

Suely

Parabenizando (cont.)	Congratulations (cont.)
Noivado e casamento	**Engagement and marriage**
Eu/Nós fiquei/ficamos...	I/We were...
... (muito/extremamente) felizes...	... (very/extremely) pleased...
... emocionados...	... excited...
quando soube/soubemos que...	when I/we heard the news that...
ao saber que...	to learn that...
em ouvir que...	to hear that...
... você(s) está/estão se casando!	... you (two) are getting married!
Que notícia boa/emocionante/maravilhosa!	What great/exciting/wonderful news!
Parabéns para vocês dois!	Congratulations to you both!
Tudo de bom para vocês dois!	Best wishes to you both!
Boa sorte para vocês dois!	Good luck to you both!
Pode deixar que vou estar presente.	You can count on me to attend the wedding.
Infelizmente, não poderei comparecer, pois [estarei viajando/tenho de trabalhar]...	Unfortunately, I won't be able to attend, as I [will be out of town/have work obligations]...
... mas estarei presente em pensamento.	... but my thoughts will be with you.
... mas estarei aí em espírito.	... but I'll be there in spirit.

Aniversário de casamento	Wedding anniversary
Parabéns por seu [vigésimo quinto] aniversário de casamento...	Congratulations on your [twenty-fifth] wedding anniversary...
... É difícil acreditar que já se passaram [vinte e cinco] anos.	... I can't believe it's been [twenty-five] years.

Aniversário de casamento (cont.)	Wedding anniversary (cont.)
... parece que foi ontem que se casaram.	... it seems like only yesterday you two got married.
... vocês dois servem de inspiração para todos nós.	... you two are an inspiration to all of us.
... Qual é o segredo?	... What's your secret?
... Apenas desejo que vocês continuem assim sempre.	... I can only wish you more of the same ahead.
Feliz aniversário!	Happy anniversary!

Nascimento de um bebê	Birth of a child
Como devem estar felizes de ter um bebê[zinho/a] tão lindo/a.	How happy you must be to have such a beautiful baby [boy/girl].
Dá para ver nas fotos...	I can tell from the pictures...
... que ela/ele tem os [olhos] seus/Jeri.	... that she/has your/Jeri's [eyes].
... Que gracinha!	... What a cutey!
... Fico tão feliz por você(s)!	... I'm so happy for you!
... Que inveja!	... I'm jealous!
Pode contar comigo para cuidar dele/a.	You can count on me to babysit.
Desejo muita felicidade para vocês dois.	I wish you both lots of happiness.

Formatura	Graduation
Parabéns por receber seu diploma em [Direito].	Congratulations on receiving your [law] degree.
... você trabalhou muito por este momento...	... you've worked hard for this moment...
... você realmente merece depois de tanto trabalho investido nos seus estudos...	... you certainly deserve it after all the work you've put into your studies...
... você deve estar se sentindo orgulhoso.	... you must be very proud.
Novamente, parabéns por esta grande conquista.	Once again, congratulations on your remarkable achievement.
Desejo/amos-lhe muito sucesso!	I/We wish you lots of success!

Prêmio ou promoção	Award or promotion
Parabéns por...	Many congratulations on...
... ser nomeado [Professor do Ano].	... being named [Teacher of the Year].
... ser eleito [Vice-Presidente Executivo].	... being elected [Executive Vice-President].

Prêmio ou promoção (cont.)	Award or promotion (cont.)
... ganhar o [Prêmio Nobel da Paz] este ano.	... winning this year's [Nobel Peace Prize].
... sua promoção a [Chefe de Finanças].	... your promotion to [Chief Financial Officer].
Os que já lhe conhecem não se surpreendem.	Those of us who know you are not surprised.
Não é surpresa alguma para mim.	It comes as no surprise to me.
Claro que todos sabíamos que ia conseguir.	Of course, we all knew you could do it.
Eu/Nós estava/ávamos torcendo por você.	I/We were all pulling for you.
Você sempre teve o meu/nosso voto.	You've always had my/our vote.
Você certamente foi minha/nossa primeira escolha.	You were certainly my/our first choice.

Condolências e pêsames	Sympathy and condolences

Exemplo de uso:

Dear Nancy,

We were deeply saddened to learn of your mother's passing. I remember her very fondly. I want you to know that *my thoughts and prayers are with you*, and please *let me know if there is anything that you need*.

God bless,

Henrique

Cara Nancy,

Ficamos muito tristes de saber do falecimento de sua mãe. Lembro-me dela com muito carinho. Quero que você saiba que penso muito e rezo por você e, por favor, me avise se precisar de algo.

Deus te abençoe,

Henrique

Condolências e pêsames | Sympathy and condolences

Falecimento – Expressando choque/tristeza | Death – Stating shock/sadness

Eu fiquei/Nós ficamos profundamente triste(s)/chocado(s) ao saber do falecimento/óbito (súbito) de [sua mãe].	I/We were deeply saddened/shocked to learn of [your mother's] (sudden) passing/death.
Foi um choque quando soube/soubemos do falecimento/óbito (súbito) de [Tom].	It came as a shock when I/we heard about [Tom]'s (sudden) passing/death.

Dando pêsames | Stating sympathy

Eu sinto/Nós sentimos muito.	I/We are so very sorry.
Você não imagina o quanto eu/nós sinto/sentimos.	You can't imagine how sorry I/we feel.
Eu queria/Nós queríamos estar aí com você(s).	I/We wish we could be there with you now in this time of need.
Eu sei/Nós sabemos que isto deve estar sendo difícil para você(s).	I/We know that this must be a difficult time right now.
Eu quero/Nós queremos que você(s) saiba(m) que nossos pensamentos (e orações) estão com você(s).	I/We want you to know that our thoughts (and prayers) are with you.

Oferecendo apoio | Offering support

Por favor me/nos avise se houver qualquer coisa que eu/nós possa/mos fazer.	Please let me/us know if there is anything at all that I/we can do.
Eu estou/Nós estamos à disposição para qualquer coisa que você(s) possa(m) necessitar.	I/We are here for you for whatever you may need.

Doença | Illness

Senti muito ao saber do seu diagnóstico.	I was sorry to learn of your diagnosis.
Deve estar sendo difícil se acostumar à notícia neste momento.	It must be hard to adjust to the news right now.
Quando estiver se sentindo melhor, espero que possamos nos encontrar...	When you are feeling up to it, I hope we can get together...
... para falar pessoalmente.	... to talk in person.
... para ver o que eu posso fazer para ajudar.	... to see what I can do to help.
Eu só queria lhe dizer que...	I just wanted to let you know that...
... estou com você em pensamento...	... my thoughts are with you right now...

Doença (cont.)	Illness (cont.)
... você não precisa passar por isto sozinho...	... you won't be going through this alone...
... estou aí para o que der e vier...	... I am here for you...
... eu sei que você vai conseguir superar isto...	... I know you are going to pull through this...
... você tem todo o meu/nosso apoio...	... you have all my/our support...
... você está em todos os nossos pensamentos e orações...	... you are in all our thoughts and prayers...

Depois de um acidente	After a personal injury
Só um bilhete para perguntar como você está passando...	Just a quick note to ask how you are doing...
Se precisar de qualquer coisa não hesite em me/nos pedir.	If you need anything please do not hesitate to ask.
Eu/Nós lhe desejo/amos uma recuperação rápida!	I/We wish you a quick recovery!

Decepção	Personal disappointment
Fiquei/Ficamos muito tristes de saber que [o novo emprego] não deu certo.	I/We were sorry to learn that [the new job] didn't work out.

Respondendo a votos de condolências/ pêsames	Replying to sympathy/condolence
Obrigado/a por suas palavras amigas...	Thank you for your kind words...
Obrigado/a por ter pensado tanto em mim...	I really appreciate you thinking of me...
Obrigado/a por tanta gentileza...	Thank you for the many acts of kindness...
... durante esta hora difícil...	... during this difficult time...
... ao longo dessas últimas [três semanas]...	... over the last [three weeks]...
... eu não sei o que eu teria feito sem você(s)...	... I don't know what I would have done without you...
... você(s) ajudou/daram a amenizar esse sofrimento...	... you helped make this whole ordeal much more bearable...
... eu só espero poder retribuir algum dia...	... I hope that I can repay you some day...
Se não fosse pelo carinho e apoio de amigos como você(s)...	If not for all the caring and support of friends like you/yourselves...

Respondendo a votos de condolências/ pêsames (cont.)	Replying to sympathy/condolence (cont.)
... eu não sei como eu teria conseguido passar por tudo isso.	... I don't know how I would have made it through all this.
... eu acho que não teria conseguido.	... I don't think I could have made it through.
Eu jamais esquecerei sua bondade e amor.	I will never forget your kindness and love.

Notas de agradecimento	Thank you notes

Exemplo de uso:

Dear John and Lucy,

We just wanted to say thanks for that wonderful dinner last weekend. It was absolutely delicious! *We hope to be able to return the favor someday*.

All the best,

Fran and Ricardo

Caros John e Lucy,

Só queríamos agradecer pelo jantar maravilhoso da semana passada. Estava absolutamente delicioso! Esperamos poder retribuir a gentileza algum dia.

Tudo de bom,

Fran e Ricardo

Notas de agradecimento (cont.)	Thank you notes (cont.)
Presentes	**Gifts**
Eu/Nós adorei/ramos o(s) [copos de vinho] que você me/nos mandou!	I/We loved the [wine glasses] you sent me/us!
Que surpresa maravilhosa!	What a wonderful surprise!
Isso é justamente o que eu estava querendo comprar faz [meses].	I had been wanting something just like that for [months].
Obrigado/a novamente...	Thanks again...
Muitíssimo obrigado/a por seu presente generoso...	Thank you very, very much for your generous gift...
... e espero poder mostrar/compartilhar esse presente com você(s) em nosso próximo encontro.	... and I hope to be able to show off/share my new present next time I see you.
Agradecimentos atrasados por um presente	**Belated thanks for a gift**
Por favor aceite meus/nossos agradecimentos atrasados pelo(a) [estátua] maravilhoso(a) que você me/nos mandou.	Please accept my/our belated thanks for the wonderful [statue] you sent me/us.
Eu/Nós tenho/temos estado tão ocupados nessas últimas [semanas] com [a nova casa] e tudo mais.	I/We have been so busy/overwhelemed these last [weeks] with [the new house] and everything.
Bom, de qualquer forma, obrigado/a de novo por seu presente maravilhoso.	Anyway, thank you again for your wonderful gift.
Agradecendo favores/hospitalidade	**Thanks for favors/hospitality**
Eu/Nós só queria/íamos dizer obrigado/a (mais uma vez) por...	I/We just wanted to say thanks (again) for...
... sua hospitalidade...	... your kind hospitality...
... um tempo maravilhoso...	... such a wonderful time...
... aquela [festa] fantástica...	... that fantastic [party]...
... ter me/nos ajudado...	... helping me/us out...
... ser um amigo/amigos tão bom/ns...	... being such a good friend/such good friends...
... [sexta-feira] passada.	... last [Friday].
... essas últimas [semanas].	... these last [weeks].
Eu/Nós espero/amos poder retribuir a gentileza algum dia.	I/We hope we can return the kindness someday.

Elogios	**Compliments**

Exemplo de uso:

Jack,

Despite the shortness of the trip, I had a wonderful time. *We really loved your new house* – especially that great swimming pool.

Invite us back soon!

Gilberto

Jack,

Apesar da viagem ter sido curta, me diverti muito. Adoramos sua casa nova, especialmente aquela piscina ótima.

Convide-nos de novo em breve!

Gilberto

Elogios	**Compliments**
Eu acho/achei seus [filhos] absolutamente [maravilhosos].	I find/found your [kids] absolutely [delightful].
Raras vezes/Nunca [vi/mos] tanta [disciplina]...	Rarely/Never have I/we [seen] such [discipline]...
Eu/Nós adorei/amos o/seu...	I/We really loved the/your...
Eu/Nós fiquei/ficamos tão impressionados com seu/sua...	I/We was/were so impressed by your...
Você(s) está/ão de parabéns pelo seu...	You are to be commended for your...

Elogios com crítica	Compliments with criticism
Embora a [música] fosse [adequada], o...	Though the [music] was [adequate], the...
Apesar do [tempo ruim], ...	Despite the [miserable weather], ...
Tirando os [móveis de mau gosto], ...	If you can look past the [unsightly furniture], ...
... a [beleza] [das praias] supera a [feiura urbana]...	... the [beauty] of the [beaches] outweighs the [urban sprawl]...

Feriados e datas comemorativas	Holidays

Exemplo de uso:

Hello Martha (and family),

Just a quick note to say Merry Christmas!

Hope you're all doing great.

Laura

Olá Martha (e família),

Só um recadinho para desejar Feliz Natal!

Espero que vocês todos estejam bem.

Laura

Feriados e datas comemorativas	Holidays
Natal/Hanukkah	**Christmas/Hanukkah**
Um bilhete para desejar Feliz Natal!	Just a quick note to say Merry Christmas!
Chegamos nesta época do ano de novo e eu desejo para você/s (todos) boas festas!	It's that time of the year again and I wanted to wish you (all) happy holidays!

Natal/Hanukkah (cont.)

Eu gostaria de poder estar com você(s).
Talvez ano que vem possamos passar as festas juntos.

Christmas/Hanukkah (cont.)

I wish I/we could be with you.
Maybe next year we can celebrate the season together.

Ano-Novo

Eu gostaria/Nós gostaríamos de lhe(s) desejar um Feliz Ano-Novo.
Que o Ano de 2002 traga muito/a...
... saúde...
... felicidade...
... prosperidade...
... paz...
... amor...
... para você [e todos os seus entes queridos].
Feliz Dia de Ação de Graças/Dia das Bruxas/Dia dos Namorados/Páscoa!

New Year

I/We wanted to wish you a Happy New Year.
May the Year 2002 bring lots of...
... health...
... happiness...
... prosperity...
... peace...
... love...
... for you [and your loved ones].
Happy Thanksgiving/Halloween/Valentine's Day/Easter!

3

Cartas comerciais
Business correspondence

Agradecimentos e confirmações | **Acknowledgements and confirmations**

Exemplo de uso:

John,

In a bit of a rush right now, but I just wanted to let you know I got the fax with the new price list. Thanks.

Claudio

John,

Estou meio na correria, mas queria que você soubesse que já peguei o fax com a nova lista de preços. Obrigado.

Cláudio

Agradecimentos e confirmações | Acknowledgements and confirmations

Agradecimento por um pagamento | Acknowledgement of payment

Agradecimento por um pagamento	Acknowledgement of payment
Obrigado/a pelo seu pagamento de [$5.397,82].	Thank you for your payment of [$5,397.82].
Só para confirmar que o seu pagamento de [$750,00] já foi [registrado]. Obrigado.	Just to confirm that your payment of [$750.00] has been [recorded]. Thank you.

Agradecimento por correspondência recebida | Acknowledgement of correspondence received

Agradecimento por correspondência recebida	Acknowledgement of correspondence received
Obrigado pela sua carta de [9 de junho].	Thank you for your letter of [June 9].
Obrigado/a por seu [recado]. Eu responderei [em breve/semana que vem].	Thank you for your [message]. I will get back to you [in due time/by next week].
Eu/Nós recebi/emos sua carta de [3 de janeiro de 2002]...	I/We have received your letter of [January 3, 2002]...
Obrigado/a pela resposta imediata.	Thanks for your quick response.
Obrigado/a por me responder (tão rápido).	Thanks for getting back to me (so soon).
Esta é para confirmar o recebimento de [sua solicitação]...	This is to acknowledge receipt of [your application]...
Por meio desta agradeço/cemos o recebimento de [sua proposta]...	I/We hereby acknowledge receipt of [your proposal]...
... e responderei/emos em breve.	... and will be responding in due course.
... e responderei/emos assim que possível.	... and will be getting back to you as soon as possible.
... mas não poderemos lhe responder até o término da [semana que vem].	... but will not be able to get back to you until after [next week].
... Eu/Nós lhe telefonarei/emos assim que tiver/mos decidido.	... I/We will call you as soon as we have a decision.
... Eu/Nós entrarei/emos em contato em breve.	... I/We will be in touch soon.

Confirmando assuntos discutidos pelo telefone | Confirming subjects discussed on the telephone

Confirmando assuntos discutidos pelo telefone	Confirming subjects discussed on the telephone
Apenas para complementar nossa conversa pelo telefone...	Just to follow up on our telephone conversation...
Foi bom conversar com você hoje pelo telefone. Portanto, como foi dito, ...	It was nice talking to you today on the phone. So, as mentioned, ...
Como nós havíamos concordado na nossa conversa pelo telefone [hoje de manhã], ...	As we agreed in our telephone conversation [this morning], ...

Com pressa	In a hurry
Recebi sua [carta] — obrigado/a. Responderei logo/ em breve.	Got your [letter] — thanks. Will get back to you soon.
Estou meio na correria, mas eu queria te avisar que recebi [a encomenda].	In a bit of a rush right now, but I just wanted to let you know I got [the package].

Pedindo confirmação de recebimento	Asking for acknowledgement of receipt
Por favor confirme o recebimento...	Please acknowledge receipt...
... deste/a [e-mail]	... of this [e-mail]
... até [dia 18 de agosto]	... by [August 18]
... no máximo até [dia 13 de setembro]	... no later than [September 13]
Por favor me/nos avise...	Please let me/us know...
... se você recebeu [a encomenda] direito.	... if you got [the package] OK.
... quando você receber [o cheque].	... when you get [the check].
... assim que [o carregamento] chegar.	... as soon as [the shipment] arrives.

Avaliação de desempenho de funcionário	Job performance review

Exemplo de uso:

Employee name: Pedro Valparaíso
Employee since: March 3, 1999
Current position: Product engineer

Strengths
Pedro *is a very professional and competent worker* who is *very well liked by his colleagues. If necessary, Pedro works extra hours* and *is disciplined and organized*.

To improve
Since the last review, Pedro has shown marked improvement in his English skills, *however, I am a little concerned about his ability to* write in English. *On one occasion*, Pedro sent a response to a letter of complaint and in fact worsened the situation by using language which was unintentionally inflammatory.

Overall
Perhaps Pedro could work a little bit on his written English abilities but this is not an insurmountable task. *Overall, Pedro is doing very well and we are lucky to have him as an employee*.

Nome do funcionário: Pedro Valparaíso
Funcionário desde: 3 de março de 1999
Cargo atual: Engenheiro de produto

Pontos fortes
Pedro é um funcionário muito profissional e competente de quem os colegas gostam muito. Se necessário, Pedro faz hora extra e é disciplinado e organizado.

A melhorar
Desde a última avaliação, Pedro tem demonstrado uma melhora notável no seu inglês, porém, me preocupa um pouco sua falta de habilidade no inglês escrito. Em uma ocasião, Pedro enviou uma resposta a uma carta de reclamação e acabou piorando a situação usando sem querer palavras mal-educadas.

Geral
Talvez Pedro pudesse trabalhar um pouco mais sua habilidade no inglês escrito, mas não se trata de uma tarefa insuperável. No geral, Pedro está se saindo muito bem e temos sorte de tê-lo como funcionário.

Avaliação de desempenho de funcionário (cont.)	Job performance review (cont.)
[funcionário] é (sempre) pontual	[employee] is (consistently) on time
[funcionário] [às vezes/frequentemente] chega atrasado	[employee] is [sometimes/often] late
se necessário, [funionário] trabalha horas extras	if necessary, [employee] works extra hours
[funcionário] é [dedicado/organizado/meticuloso/disciplinado/educado]	[employee] is [dedicated/organized/thorough/disciplined/polite]
... e os [colegas de trabalho] gostam dele/a.	... and is well liked by [colleagues].
... e trabalha bem em [equipe].	... and works well in [groups].
... e sempre [recebe avaliações boas].	... and consistently [gets good feedback].
... e mostra um interesse sincero em [seu] [trabalho].	... and shows genuine interest in [her] [work].
... mas ainda está um pouco fraco na área de...	... but is still a little weak in the area of...
... mesmo assim, estou um pouco preocupado com...	... however, I am a little concerned about...

Avaliação de desempenho de funcionário (cont.)	Job performance review (cont.)
... embora [às vezes]...	... though [sometimes]...
... especialmente...	... especially...
Certa ocasião, [funcionário] [estava]...	On one occasion, [employee] [was]...
Em várias ocasiões, [funcionário] [agiu] de forma [responsável]...	On several occasions, [employee] has [acted] [responsibly]...
Desde a última avaliação, [funcionário] tem [feito]...	Since the last review, [employee] has [done]...
[funcionário] tem mostrado [um leve/muito/grande] progresso na área de...	[employee] has shown [slight/a lot of/marked] improvement in the area of...
[funcionário] precisa melhorar um pouco as suas habilidades [ao telefone].	[employee] needs to work a little on [her] [telephone] skills.
[funcionário] merece elogios pelo seu...	[employee] is to be commended for his/her...
no que eu gostaria que [funcionário] se concentrasse um pouco é...	what I would like [employee] to focus on a little is...
talvez [funcionário] pudesse/devesse...	perhaps [employee] could/should...
(mas) em geral, [funcionário] está/é [certamente no caminho certo/indo muito bem/superando expectativas/de fato um grande atributo para esta organização].	(but) overall, [employee] is [definitely on the right track/doing very well/exceeding expectation/indeed an asset to this organization].
... e estamos felizes/temos sorte de tê-[la] como [funcionária].	... and we are happy/lucky to have [her] as [an employee].
... e tenho/temos certeza de que será...	... and I am/we are sure will prove to be...
... e portanto será recomendado/a para [promoção a...]	... and therefore will be recommended for [promotion to...]

Respondendo a reclamações — Responding to complaints

Exemplo de uso:

Dear Mr. Smith,

Thank you for your letter of July 9 regarding not having received product number #6482502.

Upon investigation, we have found that you are absolutely right. We are in a time of transition at Cozinha e Banho Ltda. and experienced a problem in shipping. *We will be amending this problem right away*.

Please be aware that *this is not the kind of service we strive for here at Cozinha e Banho* and *thank you for taking the time out to make us aware of the problem*.

You will be receiving the product you ordered and a special gift in gratitude for your patronage and understanding.

Thank you very much and we look forward to continuing to be your first source for the finest quality kitchen and bathroom fittings.

Yours sincerely,

Cláudia Amanda
Cláudia Amanda
Customer Service Supervisor

Caro Sr. Smith,

Obrigado por sua carta do dia 9 de julho a respeito de não ter recebido o produto de número 6482502.

Ao investigar, descobrimos que o senhor está absolutamente correto. Estamos passando por uma época de transição aqui na Cozinha e Banho Ltda., e tivemos um problema no envio de mercadorias. Vamos corrigir esse problema imediatamente.

Por favor, saiba que o ocorrido não é o tipo de atendimento pelo qual lutamos aqui na Cozinha e Banho e muito obrigado pelo tempo despendido para nos conscientizar do problema.

O senhor receberá o produto pedido e um presente especial em agradecimento por ser nosso cliente e por sua compreensão.

Muito obrigado e esperamos continuar sendo sua primeira escolha em móveis de qualidade para cozinha e banheiro.

Sinceramente,

Cláudia Amanda
Cláudia Amanda
Supervisor de Atendimento ao Consumidor

Respondendo a reclamações (cont.)	Responding to complaints (cont.)

Reconhecendo a reclamação	Acknowledging the complaint
Obrigado por sua [carta] de 22 de junho...	Thank you for your [letter] of June 22...
... referente a [ter pago a mais]...	... regarding [being overcharged]...
... com relação a[o serviço insatisfatório] que você recebeu...	... concerning [the unsatisfactory service] you received...

Reconhecendo a culpa	Admitting the fault
Através de investigação, descobrimos que você está absolutamente correto/a...	Upon investigation, we have found that you are absolutely right...
Você estava correto/a. Uma revisão dos [registros] mostra...	You were correct. A review of the [records] shows...

Ação conciliadora	Conciliatory course of action
... nós resolveremos o problema imediatamente...	... we will be amending this problem right away...
... este não é o tipo de serviço em que nos empenhamos aqui na [ABC Computers] e tomaremos medidas imediatas para retificar o problema...	... this is not the kind of service we strive for here at [ABC Computers] and will be taking immediate measures to rectify the problem...
... nós agradecemos a você ter gasto seu tempo para nos conscientizar do problema...	... we thank you for taking time out to make us aware of the problem...
Você vai receber [um vale presente] em agradecimento por [ser nosso cliente e por sua compreensão].	You will be receiving [a gift certificate] in gratitude for [your patronage and understanding].
Queira aceitar as nossas mais sinceras desculpas e [um jantar grátis] em agradecimento por seu/sua [compreensão].	Please accept our most sincere apologies and [a free dinner] in appreciation for your [understanding].

Se você não estava errado	If you were not at fault
Nós sentimos muito que você tenha passado por uma experiência tão desagradável...	We are sorry you had to go through such an unpleasant experience...

Se você não estava errado (cont.)	If you were not at fault (cont.)
Nós da [ABC Computers] nos empenhamos para que a satisfação do cliente venha em primeiro lugar...	We at [ABC Computers] strive to make customer satisfaction our number one priority...
... contudo, após cuidadosa reconsideração descobrimos que o problema descrito foi, na realidade, devido a [uso e desgaste normais] e portanto...	... however, upon careful consideration we have found that the problem you described was in fact due to [normal wear and tear] and therefore...
... contudo, nós lamentamos não poder atender seu pedido de [reembolso] desta vez porque [a garantia de fábrica já havia vencido].	... however, we regret that we are unable to fulfill your request for [a refund] at this time because [the manufacturer's warranty had already expired].
... Como cortesia, estamos incluindo [um vale]...	... As a courtesy, we are enclosing [a voucher]...

Escrevendo um anúncio de emprego	Writing a job advertisement

Exemplo de uso:

United Fidelity Investments

Now hiring portfolio managers

At United Fidelity Investments our achievements have made us one of the fastest growing investment firms in North America.

You will lead our investment team in venturing into bold new investment directions *as well as* help maintain and grow our current client base spanning over 20 countries.

We're looking for a dynamic visionary who can lead this alrealdy fast-growing firm into new and exciting directions in this global economy.

Requirements
– *Minimum 3 years strong investment portfolio experience*
– *Must be able to relocate*
– *Excellent communication skills a must*
– *Knowledge of Spanish a plus*
– *MBA preferred*

We offer
- *Paid training*
- *Paid vacation*
- *Yearly bonuses*
- *Stock purchase plan*
- *Unlimited earnings potential*

Please e-mail resume to investment@selection.com

United Fidelity Investments

Admitimos gerentes de portfolio

Na United Fidelity Investments nossas conquistas fazem de nós uma das firmas de investimentos que crescem mais rápido na América do Norte.

Você vai liderar nosso time de investimentos aventurando-se por novas e ousadas direções de investimentos, bem como ajudar a manter e ampliar a nossa base de clientes atual que abrange mais de 20 países.

Procuramos um visionário dinâmico que seja capaz de liderar esta empresa, que já cresce rápido, por caminhos novos e empolgantes nessa economia global.

Exigências:
- Mínimo de 3 anos de grande experiência em *portfolio* de investimentos
- Necessário disponibilidade para mudança
- Excelente capacidade de comunicação é obrigatório
- Conhecimento de espanhol é recomendável
- Prefere-se MBA

Nós oferecemos:
- Treinamento remunerado
- Férias remuneradas
- Bônus anual
- Plano de compra de ações
- Potencial de rendimentos ilimitado

investment@selection.com

Escrevendo um anúncio de emprego	Writing a job advertisement
Aberturas	**Openings**
[Henderson Consultoria] está contratando (o mais rápido possível) para o cargo de...	[Henderson Consulting] is hiring (ASAP) for...
Precisa-se/precisamos de [gerentes]	[Managers] needed...
Estamos selecionando [gerentes]	Now hiring [managers]
Estamos admitindo [novos professores] para...	Now hiring [new teachers] for...
Estamos contratando [gerentes de projeto]	We are now hiring for [Project Manager]
Vagas para cargos de início de carreira!	Hiring for entry-level positions!
Faça um estágio agora... para ter uma carreira promissora como [auxiliar de enfermagem]	Train now... for a rewarding career as a [medical assistant]
Vagas/Seleções abertas!	Now hiring!
Admitimos – "open house"/venha já!	Now hiring – open house
Vagas para início imediato...	Immediate openings...
[Seguros Ferreira] está contratando em [Recife]	[Ferreira Security] is hiring in [Recife]
[Restaurantes Target] procura:	[Target Restaurants] is looking for:
Novas oportunidades de carreira	New career opportunities
Venha fazer parte do time das [indústrias IPM]	Come and join the [Indústrias IPM] team
[Computadores IPM] oferece excelente oportunidade para [programador] (período integral).	[IPM Computers] has an excellent opportunity for a (full-time) [programmer].
[Sutter Connect], afiliada a [Sutter Health], uma das principais empresas de [planos de saúde] d[a Califórnia], está passando por um período de crescimento significativo. Temos as seguintes vagas: ...	[Sutter Connect], an affiliate of [Sutter Health], one of [California]'s leading [healthcare systems], is experiencing a period of substantial growth. We have the following openings: ...
Dizendo quem você (a empresa) é	**Stating who you (the company) are**
Nas [indústrias Edson], nossas conquistas nos fazem um dos [varejistas] que mais cresce no país.	At [Edson Industries] our achievements have made us one of the fastest growing [retailers] in the country.
Lideramos o mercado de...	We lead the market in...
No ano passado fomos votados/escolhidos...	Last year we were voted/chosen...
Somos [o provedor de internet] número um no Brasil.	We're Brazil's number one [internet provider].

Dizendo quem você (a empresa) é (cont.)	Stating who you (the company) are (cont.)
Somos o número um em [satisfação do cliente].	We're number one in [customer satisfaction].
Temos o melhor ____ em termos de...	We have the best ____ , in terms of...
Fomos o primeiro no Brasil a...	We were the first in Brazil to...
Desde 1997, nós temos...	Since 1997, we've...
Ninguém mais no Brasil tem...	No other company in Brazil has...
Somos os ___ exclusivos de ___ no Brasil.	We are the exclusive ___ of ___ in Brazil.
Somos o maior...	We are the largest...
Temos a maior rede de...	We have the widest network of...
O nome ____ é conhecido e respeitado em todo o Brasil como o ___ em ___ .	The name ___ is known and respected in all of Brazil as the ___ in ___ .

Descrevendo o emprego	Describing the job
As obrigações básicas do cargo seriam [administrar]...	The primary duties of this position would be to [manage]...
Cargo responsável por [desenvolver]...	Position is responsible for [developing]...
Cargo envolve [programa]ção...	Position involves [programm]ing...
Suas obrigações incluirão [a criação] de [ligações]...	Your duties will incude [creating] [links]...
Você vai executar uma gama/grande variedade de [tarefas de venda], incluindo...	You will perform a wide variety of [sales tasks], including...
Você vai [supervisionar a manutenção] bem como [auxiliar] a [instalação de equipamento novo].	You will [oversee maintenance] as well as [assist in] the [installation of new equipment].

Dizendo os requisitos para o cargo	Stating job requirements

Vale lembrar que o verbo *should* é equivalente a *deveria* em português e *must* é traduzido como *precisa* ou *deve*.

Conhecimento em [direito trabalhista norte-americano] é pré-requisito.	Knowledge of [US Labor Law] required.
Necessário/Deve ter [veículo próprio]	Must/Should have [own vehicle].
Exige [segundo grau] completo ou equivalente...	Requires completion of [12th] grade or equivalent...
Requer [1 ano] de experiência.	[1 year] experience required.

Dizendo os requisitos para o cargo (cont.)	Stating job requirements (cont.)
Requer [boa capacidade de comunicação verbal]	[Effective verbal skills] required.
Exige mínimo de [2] anos de experiência como [professor de inglês], bem como boa formação em...	Requires a minimum of [2] years experience as a(n) [English Teacher] as well as a strong backround in...
Necessário/Deve ter disponibilidade para [trabalhar fins de semana].	Must/Should be able to [work weekends].
Prefere-se [MBA]	[MBA] preferred
Experiência de [consultoria] é essencial	[consulting] experience essential
Conhecimento de [contabilidade] é desejável, mas não necessário.	Knowledge of [accounting] is desirable but not required.
[MBA] é bem-vindo.	[MBA] a plus.
Conhecimento de [engenharia] é bem-vindo.	[engineering] knowledge is a plus.
Será necessário viajar.	(Some) travel will be required.
Necessário/Deve ter fluência em [inglês].	Must/Should be fluent in [English].
Exige boa/excelente capacidade de [comunicação].	Requires good/excellent [communications] skills.
(Boa/excelente) habilidade/capacidade de [comunicação] é fundamental/um “must”.	(Good/Excellent) [communications] skills a must.
Não é necessário experiência.	No experience necessary.

Preferências de personalidade	Personality preferences
Procuramos pessoa [com iniciativa]	We’re looking for a [self-starter]...
... que [conheça...]	... who [knows...]
Procuramos alguém que seja...	We’re looking for someone who is...

Falando de sálario/benefícios	Stating salary/benefits
Oferecemos pacote de benefícios (integral/completo/excelente/competitivo) incluindo...	We offer a (full/complete/excellent/competitive) benefits package including...
Treinamento remunerado	Paid training
Férias remuneradas	Paid vacation
Feriados remunerados	Paid holidays
Plano de saúde completo	Full medical
Oftalmológico	Vision
Médico e odontológico	Medical and dental

Falando de sálario/benefícios (cont.)	Stating salary/benefits (cont.)
Reembolso de cursos/auxílio educação	Tuition reimbursement/education assistance
Seguro de vida	Life insurance
Fundo de pensão	Pension plan
Programa de aposentadoria/previdência privada	Retirement program
Bônus (mensal)	(Monthly) bonuses
Programa de bônus	Bonus program
Divisão de lucros	Profit sharing
Plano de compra de ações	Stock purchase plan
Cobertura contra incapacidade de curto e longo prazo	Short and long-term disability
Licença médica remunerada	Sick pay
Viagens remuneradas	Paid travel
Folga remunerada	Paid days off
Salário mensal inicial para (gerentes) de [3.000]	(Managers) start at [3,000] per month
Período integral ou meio período	Full-time or part-time

Sendo vago quanto a salário/benefícios	Being vague about salary/benefits
Opurtunidades de crescimento	Advancement opportunities
Excelente oportunidade de crescimento dentro da empresa	Excellent opportunitiy for growth within the company
Crescimento rápido	Rapid advancement
Potencial de crescimento	Advancement potential
(Excelente/ótima) remuneração	(Outstanding/Excellent) pay
Melhor remuneração do mercado	Top pay
Ótimo salário e benefícios	Great pay and benefits
Pacote de benefícios abrangente	Comprehensive benefits package
Plano de incentivo	Incentive plan
Salário competitivo	Competitive salary
Salários iniciais competitivos	Competitive starting salaries
Potencial de rendimentos ilimitado	Unlimited earnings potential
Faixa salarial mensal de [$5.000] a [$6.000] mais pacote de benefícios atraente.	[$5,000] to [$6,000] monthly salary range plus an attractive benefits package.
Potencial de renda esperada entre [$40.000 e $50.000]	Expected earnings potential between [$40,000 to $50,000]
Salário negociável	Salary negotiable

Informações para contato	Contact information
(por favor) envie currículo por fax para [011-5557-2020]	(please) fax résumé to [011-5557-2020]
(por favor) compareça pessoalmente de [segunda] à [sexta], das [9:00] às [14:00]	(please) apply in person [Monday] to [Friday], [9 am] to [2 pm]
(por favor) envie currículo por e-mail para: [empregos@bomsalario.com]	(please) e-mail résumé to: [jobs@bigsalary.com]
(por favor) ligue para [021-5557-8868] para agendar horário	(please) call [021-5557-8868] to schedule appointment
Para maiores informações, disque [081-5557-1234]	for more information call [081-5557-1234]
(por favor) envie currículo para [JOBS, Av. dos Funcionários, 1234...]	(please) send résumé to [JOBS, 1234 Av. dos Funcionários...]
Para informações sobre como se candidatar, entre em contato com [Tatiana Madrigal] no número [017-5557-1968]	for application information contact [Tatiana Madrigal] at [017-5557-1968]
Visite nossa homepage: [www.goodjobs.com]	visit our website at [www.goodjobs.com]

Boas-vindas a um novo funcionário	Welcome a new employee

Exemplo de uso:

Dear John,

We are very excited to have you with us here at Alta Books. On *behalf of the entire staff, I want to say welcome* – you're now one of our team – and *if there is anything I or any one of the staff can do to be of assistance, please do not hesitate to ask*. My direct extension is 372.

Once again, welcome to Alta Books. We hope you grow to love it here as much as we do.

Yours,

Ricardo Lanza

Caro John,

Estamos muito contentes de tê-lo conosco na Editora Alta Books. Em nome de todos os funcionários, quero dar-lhe as boas-vindas – agora que você faz parte da nossa equipe – e se houver algo que eu ou alguém do nosso quadro de funcionários possa fazer para ajudar, por favor, não hesite em pedir. Meu ramal direto é 372.

Mais uma vez, bem-vindo à Editora Alta Books. Esperamos que você passe a gostar tanto daqui quanto nós gostamos.

Atenciosamente,

Ricardo Lanza

Boas-vindas a um novo funcionário	Welcome a new employee
Em nome de [todos os funcionários/toda a equipe]...	On behalf of the [entire staff/whole team]...
... deixe-me dar nossas calorosas boas-vindas...	... let me extend a warm welcome to you...
... eu gostaria de dar boas-vindas...	... I want to say welcome...
... eu só queria dizer o quanto ficamos [contentes/animados] em tê-lo a bordo...	... I just want to say how [pleased/ excited] we are to have you on board...
... e se houver qualquer coisa que eu ou qualquer um dos funcionários possa fazer para ajudá-lo, ...	... and if there is anything I or any one of the staff can do to be of assistance, ...
... e quero que você saiba que se precisar de qualquer coisa, ...	... and I want you to know that if you need anything at all, ...
... por favor não hesite em pedir/perguntar.	... please do not hesitate to ask.
Mais uma vez, seja bem-vindo à [Dempsey & Saravia].	Once again, welcome to [Dempsey & Saravia].

Convidando um palestrante — Inviting a speaker

Exemplo de uso:

Dear Mr. Sánchez,

The Institute for the Promotion of Latin American Artists *is holding its annual* Fundraising Dinner in Porto Alegre, Brazil this year on April 30, and *it would be an honor to invite you to* be our guest speaker.

Please respond at your earliest convenience to let us know if this will fit into your schedule.

Thank you very much.

Yours,

Verônica do Vale
IPLAA President

Caro Sr. Sánchez,

O Instituto para a Promoção de Artistas Latino-Americanos estará realizado o seu Jantar de Arrecadação de Fundos em Porto Alegre, Brasil, no dia 30 de abril do corrente ano, e seria uma honra convidá-lo para ser nosso palestrante convidado.

Por favor, responda assim que possível para nos avisar se o senhor está disponível nesse dia.

Muito obrigado.

Atenciosamente,

Verônica do Vale
Presidente do IPLAA

Convidando um palestrante (cont.)	Inviting a speaker (cont.)
A [Associação Nacional de Professores] está...	The [National Teacher's Association] is...
... realizando...	... holding...
... reunindo...	... putting together...
... organizando...	... organizing...
... planejando...	... planning...
... sua [conferência] anual...	... its annual [conference]...
... um [evento] muito especial...	... a very special [event]...
... uma [confraternização] única...	... a once-in-a-lifetime [gathering]...
É uma honra convidá-lo (para)...	It would be an honor to invite you (to)...
Eu tenho/Nós temos o prazer de convidá-lo...	I/We are pleased to invite you...
Sinto muito, mas, infelizmente, os fundos são limitados...	I'm afraid funds are unfortunately limited...
Você poderia responder a este [e-mail] para nos avisar que tipo de taxa você cobraria...	If you would reply to this [e-mail] to let us know what kind of fee you would charge...
No momento o orçamento nos permite apenas...	Right now the budget only allows for...
... por favor, nos diga se isto é razoável/aceitável.	... please let us know if this is acceptable.

Certificados e prêmios	Certificates and prizes

Exemplo de uso:

This is to certify that Sandra Mello
has successfully completed a 115 hour course on
Early Childhood Education
and achieved grade A level

Certifico para os devidos fins que Sandra Mello
completou com sucesso um curso de 115 horas em
Educação Infantil e atingiu nota A

Certificados e prêmios	Certificates and prizes
Certifico para os devidos fins que...	This is to certify that...
... [Ana Paula Andrade] [alcançou/assistiu/completou com sucesso]...	... [Ana Paula Andrade] has [achieved/attended/succesfully completed]...
À [Tatiana Saraiva] pela sua [grandiosa] [conquista] em [basquete]	To [Tatiana Saraiva] for [her] [outstanding] [achievement] in [basketball]
[Robet Adams] [1º,2º,3º] lugar	[Robert Adams] [1st/2nd/3rd] prize
[Instituto América] Excelência em [Educação]	[Instituto América] Excellence in [Education]
Funcionário do Mês	Employee of the Month
Vendedor do Ano	Salesperson of the Year
Melhor Jogador	Most Valuable Player
Maior melhoria/Mais se superou	Most improved
Mais [original]	Most [Original]

Cartas de introdução para empregos	Job cover letters

Exemplo de uso:

6103 Oliver Loving Trail
Austin, Texas
October 30, 2001

Dr. Art Ratzel
Division 1513
Sandia National Labs
P. O. Box 5800
Albuquerque, New Mexico 87185

Dr. Art Ratzel,

In last month's issue of Undergraduate Engineer, Sandia National Laboratories *advertised positions for* a summer undergraduate research program that is to begin in June 2002. *Would you please consider me for such a position with your solar thermal division?* I am a junior in mechanical engineering at the University of Texas, and my emphasis is in thermal fluids *(see enclosed résumé).*

In reading about Sandia, I learned of the solar thermal work in your division. Solar thermal technology interests me greatly. While here at the University of Texas, I have taken a course in solar energy applications. My project for that course – the comparison of heat transfer fluids for a solar thermal power plant – specifically pertains to your division's work.

After completing my bachelor of science here at the University of Texas, I plan to attend graduate school because I am interested in research. Last summer, I had the opportunity to work at Balcones Research Center in Austin and enjoyed the work and atmosphere associated with research. *Given that Sandia National Laboratories is the foremost engineering research laboratory in the country, I would welcome the chance to work for you.*

Thank you for your consideration, and if you have any questions, please feel free to write, email, or phone.

Sincerely,
Brad Smith
Brad Smith

Enclosure.

6103 Oliver Loving Trail
Austin, Texas
30 de outubro de 2001

Dr. Art Ratzel
Divisão 1513
Sandia National Labs
P. O., Box 5800
Albuquerque, New Mexico 87185

Dr. Art Ratzel,

Na edição do mês passado de *Engenheiro Universitário*, Sandia National Laboratories anunciou vagas para um programa de pesquisa de graduação de verão que vai começar em junho de 2002. Por favor, será que vocês poderiam me considerar para a vaga no departamento termo-solar? Estou no terceiro ano de engenharia mecânica na Universidade do Texas e minha especialização é em termo-fluidos (veja CV anexo).

Lendo a respeito da Sandia, fiquei sabendo do trabalho termo-solar no seu departamento. Tecnologia termo-solar me interessa muito. Aqui na Universidade do Texas fiz um curso de aplicações da energia solar. Meu projeto para esse curso – a comparação de fluidos de transferência de calor para um gerador de energia termo-solar – especificamente – está diretamente relacionado ao trabalho do seu departamento.

Após concluir meu bacharelado em ciências exatas na Universidade do Texas, pretendo fazer pós-graduação, porque tenho interesse em pesquisa. No verão passado, tive a oportunidade de trabalhar no Balcones Research Center, em Austin, e gostei muito do trabalho e do ambiente relacionado à pesquisa. Já que a Sandia National Laboratories é o mais proeminente laboratório de pesquisa de engenharia do país, agradeceria muito a chance de trabalhar para vocês.

Obrigado pela consideração, e se o senhor tiver, por favor, alguma pergunta, sinta-se à vontade para escrever, mandar um e-mail ou telefonar.

Sinceramente,
Brad Smith
Brad Smith

Documento em anexo.

Cartas de introdução para empregos (cont.)	Job cover letters (cont.)
Aberturas – geral	**Openings – general**
Estou escrevendo porque... /Venho por meio desta...	I am writing because...
Meu motivo para contactá-lo(s) é...	My reason for contacting you is...
Esta carta é para me apresentar e aproveitar qualquer necessidade que você(s) possa(m) ter na área de [desenho gráfico].	This letter is to introduce myself and to explore any need you might have in the [graphic design] area.
... se for o caso, você pode estar interessado em saber...	... should this be the case, you may be interested to know...
Se você estiver procurando um [designer gráfico], você se interessará em saber que...	If you are seeking a [graphic designer], you will be interested to know...
Se você tiver uma vaga para alguém nessa área, você verá que...	If you have an opening for someone in this are, you will see...
Esta carta e o currículo em anexo são para solicitar uma vaga na [RBM Management].	This letter and the attached résumé are in application for employement with [RBM Management].
Estou solicitando um cargo na sua empresa porque eu sei que você se interessará pela minha formação e iniciativa.	I am applying for a position with your company because I know you will find my background and drive interesting.

Aberturas – geral (cont.)	Openings – general (cont.)
Tendo investido tanto na minha vida, educação e formação profissional, senti que eu deveria me candidatar ao melhor que o mercado de [ensino] tem a oferecer.	Having invested so much in my education and professional career, I felt I owed it to myself to apply to the very best the [teaching] market has to offer.
Nos últimos tempos eu venho pesquisando o mercado local de [web design]. Minha procura tem sido por empresas que sejam respeitadas no ramo e conhecidas como líderes de mercado. O nome [Target Design] sempre aparece como uma empresa líder.	Recently, I have been researching the local [web design] market. My search has been for companies that are respected in the field and that are known as industry leaders. The name [Target Design] keeps coming up as a top company.
Com a escassez atual de [web designers] qualificados e motivados, senti que seria interessante que entrássemos em contato.	With the scarcity of qualified and motivated [web designers] that exists today, I felt sure that it would be valuable for us to communicate.
Eu gostaria de ter a oportunidade de colocar em prática meus [dez] anos de experiência em [design] trabalhando para [as Indústrias LDP].	I would like the opportunity to put my [ten] years of [design] experience to work for [LDP Industries].
Os altíssimos padrões de [e-commerce] mudam tão rapidamente que manter-se atualizado acaba sendo difícil para muitos profissionais. Eu sou uma exceção. Eu tenho muita vontade de provar minha experiência profissional em sua empresa.	The state of the art in [e-commerce] changes so rapidly that it is tough for most professionals to keep up. I am the exception. I am eager to bring my experience to bear for your company.

Aberturas – indicações de terceiros	Openings – referrals
Nosso colega em comum, [José Severo], afirmou que minhas habilidades e aptidões seriam de grande valor para sua empresa.	Our mutual colleague, [Jose Severo], felt my skills and abilities would be valuable to your company.
[Tatiana Paiva] sugeriu que eu o contatasse a respeito de uma vaga de [gerente de contas].	[Tatiana Paiva] has suggested I contact you regarding the opening for a(n) [account manager].

Aberturas – indicações de terceiros (cont.)	Openings – referrals (cont.)
Soube de você(s) por indicação de [José Severo] [semana passada]. Falei com [Sr. Severo] com relação às oportunidades de carreira na [RBM Management] e [ele] sugeriu que eu o contactasse.	I got your name from [Jose Severo] [last week]. I spoke to [Mr. Severo] regarding career opportunities with [RBM Management] and [he] suggested I contact you.
[Tatiana Paiva], [supervisora de contas na América do Sul], achou que eu deveria contatá-lo sobre uma vaga em seu [departamento financeiro].	[Tatiana Paiva], [South American accounts supervisor], thought I should contact you about the upcoming opening in your [accounting department].

Aberturas – respondendo a um anúncio	Openings – in response to an advertisement
Na revista [*Lifetime*] do mês passado, vocês anunciaram...	In last month's issue of [*Lifetime*] you advertised...
Esta carta e o currículo em anexo são em resposta ao seu anúncio na/o [*Gazeta*].	This letter and attached résumé are in response to your advertisement in the [*Gazeta*].
Eu li seu anúncio de emprego [na *Folha*/no careers.com] [ontem] e após pesquisar sua empresa senti a necessidade de escrever.	I read your advertisement job posting [in the *Folha*/on careers.com] [yesterday] and after researching your company, felt I had to write.
Estou respondendo ao seu recente anúncio de emprego [na *Folha*/no seu site] oferecendo a oportunidade de [liderar um projeto].	I am responding to your recent job listing [in the *Folha*/on your web site] offering the opportunity to [lead a project team].
Seu aviso a respeito de [professores de inglês] na [*Gazeta*] me chamou a atenção, assim como o nome de sua empresa.	Your notice regarding a(n) [English teacher] in the [*Gazeta*] caught my eye, and your company name caught my attention.

Aberturas – para *headhunters*	Openings – to headhunters
Estou enviando meu currículo para você porque sei que você é especialista em representar clientes no ramo de [programação].	I am forwarding my résumé to you because I understand you specialize in representing clients in the [programming] field.

Aberturas – para *headhunters* (cont.)	Openings – to headhunters (cont.)
Por favor, veja o currículo em anexo. Como especialista no ramo de [publicidade], pensei que você talvez estivesse interessado nas habilidades de um [pesquisador de mercado bilingue].	Please find the enclosed résumé. As a specialist in the field of [advertising], I felt you might be interested in the skills of a [bilingual marketing researcher].
Minha/s pretensão/ões salarial/is é/são de [$5.000] a [$6.000].	My salary expectation is the range of [$5,000] to [$6,000].
Eu estaria disposto a ser transferido para a oportunidade certa.	I would be willing to relocate for the right opportunity.
Estou disposto a ser transferido, mas preferiria permanecer na região se possível.	I am willing to relocate, but would prefer to stay local if at all possible.
Por causa de obrigações [familiares], eu não posso ser transferido neste momento.	Because of [family] obligations, I would not be able to relocate at this time.

Aberturas – temporários	Openings – seasonal
Em [cinco] semanas eu terminarei meu [terceiro] ano de [Direito] na [Universidade de São Paulo]. Estou interessado em trabalhar para sua [firma] durante o [verão] porque...	In [five] weeks I shall be completing my [third] year of [Law] at [the University of São Paulo]. I am interested in working for your [firm] during the [summer] because...
Na medida em que o [verão] se aproxima, sei que você estará procurando ajuda extra.	As the [summer] season approaches, I know you will be looking for extra help.
Estou muito interessado em me tornar um dos seus estagiários de [verão].	I am very interested in becoming one of your [summer] trainees.
Sou [estudante de universidade] à procura de experiência prática durante [as férias de verão].	I am a [university student] looking for some real world experience during [the summer break].

Chamando o leitor à ação	Calling the reader to action
Espero ansiosamente discutir nossos interesses mútuos.	I look forward to discussing our mutual interests further.
Estarei em sua área por volta do [dia 15] e telefonarei para você antes desta data para marcarmos um encontro.	I will be in your area around the [15th], and will call you prior to that date to arrange a meeting.

Chamando o leitor à ação (cont.)	Calling the reader to action (cont.)
Espero falar mais com você sobre este assunto e entrarei em contato na semana do dia [20] por telefone para concretizar.	I hope to speak with you further and will call the week of the [20th] to follow up.
Gostaria de sugerir uma reunião para que você possa ter a oportunidade de me conhecer pessoalmente.	May I suggest a personal meeting where you can have the opportunity to meet the person behind the résumé?
Espero poder explorar as maneiras nas quais você acredita que minha formação e habilidades possam beneficiar sua organização. Espero notícias suas em breve.	I look forward to examining the ways you feel my background and skills would benefit your organization. I look forward to hearing from you.
Estou ansioso para nos encontrarmos e discutirmos quaisquer oportunidades em potencial. Estarei disponível para uma entrevista num horário que lhe seja conveniente.	I am anxious to meet and discuss any potential opportunities further. I will make myself available for an interview at a time convenient for you.
Obrigado pelo seu tempo e consideração. Espero notícias em breve.	Thank you for your time and consideration. I hope to hear from you shortly.

Currículos	Résumés

Exemplo de uso:

Claudio Redisch
55 Publishing Road
Brooklyn, NY 55555
US

Primary Phone: 555-555-5555

OPERATIONS MANAGER Résumé #XXXXXXXX

OBJECTIVE

Destacando qualidades pessoais

Motivated, results-driven operations manager *with extensive experience across multiple industries* including construction, retail, water/wastewater, and oil/gas. *Proven performer* and profit "maximizer," *skilled in* capturing dominant market share, *growing sales revenue* to multimillion-dollar levels, and

Exemplo de uso *(continuação)*:

negotiating cost-saving initiatives reducing overhead by tens of thousands of dollars. *Demonstrated success in* customer/vendor relationship management, *with ability to* quickly build genuine rapport and ***secure competitive*** *contract* wins. *Hands-on experience in* purchasing/inventory control/budgeting, *with a reputation for* dedication, *creative problem solving*, and outstanding service.

TARGET JOB	**Desired Job Type:**	Employee
	Desired Status:	Full-Time
	Site Location:	No Preference
	Career Level:	Management (Manager/Director of Staff)
	Date of Availability:	Immediately
TARGET COMPANY	**Company Size:**	No Preference
COMPANY	**Category:**	Installation, Maintenance, and Repair
TARGET LOCATIONS	**Relocate:**	Yes
	US	
WORK STATUS	US	I am authorized to work in this country for any employer.
EXPERIENCE 11/1991 – 2/2001	DEF Company	Brooklyn, NY

Exemplo de uso *(continuação)*:

Operations Manager

Destacando realizações com verbos de ação

Wholly responsible for day-to-day operations, including staff supervision, purchasing, inventory, budgeting, accounts payable/receivable, customer service, building/warehouse maintenance, and sales of underground pipeline, valves, hydrants, and fittings used in underground water distribution and wastewater handling.

Key Accomplishments:

* *Surpassed* even the most optimistic sales projections by growing market share from 40% to 95% in a tri-state area encompassing New York, New Jersey, and Connecticut. *Achieved* record-setting sales of over $2.5 million annually.

Destacando realizações com verbos de ação

* *Built* profitable, mutually beneficial relationships with numerous contractors and municipalities, repeatedly securing competitive contract wins on new job bids.

* Received the first 100% internal audit score in company's history.
Consistently maintained impeccable purchasing/sales/budgeting/record-keeping standards and *earned* 99% or higher scores for the past nine years on all unscheduled internal audits.

* *Negotiated* favorable terms with vendors that significantly *improved* buying power and lowered operational costs. Efforts resulted in major discounts with suppliers, expanded payment terms generating dramatic increases in average daily sales, and freight savings of approximately $30K annually.

* *Led* nine-year history of accident-free operations for branch.

Exemplo de uso *(continuação)*:

* Superior performance recognized through promotion from warehouseman within first four months of employment.

8/1990 – 11/1991 ABC Service Staten Island, NY
Well Puller

Installed, troubleshot, maintained, and repaired water wells.

Key Accomplishments:

* Quickly *mastered* mechanical skills required to successfully and reliably complete all repairs and installations under tight timeframes and with minimal supervision.

* *Adhered to* safe operating standards – never had an accident on the job.

8/1989 – 8/1990 Marv Herman Staten Island, NY

Installer

Installed carpet, linoleum, and sub-flooring products.

* *Earned reputation for* accuracy and precision – never had to reinstall carpet or linoleum due to incorrect measuring or cuts.

11/1977 – 7/1989 ABC Company Brooklyn, NY

Field Sales & Service Manager, Foreman, Serviceman

Installed, serviced, tested, and operated high-pressure (10,000 PSI), high-volume pumps in a 24/7 environment. Cleaned and inspected Magnaflux drill pipes. Sold and operated rental equipment working directly with drilling and production contractors. Serviced the needs of geothermal customers, including industry giants such as XYZ Company and JKL Company.

Exemplo de uso *(continuação)*:

Key Accomplishments:

* *Repeatedly promoted to increasingly responsible positions*, ultimately running all business operations for New York and New Jersey.

* *Gained* vast mechanical and industry knowledge and achieved an 11-year track record of zero lost time due to accidents, despite hazardous assignments, including extinguishing three separate oil well blowouts with world-renowned oil well firefighting organization ABC Fire Co.

SKILLS

Skill Name	Skill Level	Last Used	Experience
P&L Enhancement	Intermediate	Currently used	9 years
Purchasing/ Inventory Control	Intermediate	Currently used	9 years
Leadership & Supervision	Intermediate	Currently used	9 years
Competitive Contract Wins	Intermediate	Currently used	9 years
Market Share Expansion	Expert	Currently used	9 years
B2B Sales	Intermediate	Currently used	9 years
Customer Relationship Management	Expert	Currently used	15 years
Vendor/ Contract Negotiations	Intermediate	1 year ago	7 years
Mechanical/ Construction	Intermediate	1 year ago	7 years

Exemplo de uso *(continuação)*:

ADDITIONAL INFORMATION (PROFISSIONAL TRAINING)

* Advanced Inventory Management Series – Brooklyn, NY (4/1999)

* ABC Management Course – New York, NY (5/1987)

Cláudio Redisch
55 Publishing Road
Brooklyn, NY 55555
US
dbrixey@somewhere.com

Telefone principal: 555-555-5555

GERENTE DE OPERAÇÕES currículo nº XXXXXXXX

OBJETIVO

Gerente de operações **motivado e voltado para resultados,** com **grande experiência** interindustrial, que inclui construção, varejo, água/esgoto e óleo/gás. **Competência comprovada** e maximizador de lucros, **hábil** na captura de fatias dominantes do mercado, fazendo a renda ser elevada para níveis multimilionários, e negociando iniciativas de redução de custos, reduzindo despesas operacionais em dezenas de milhares de dólares.
Demonstrou sucesso em gerência de relacionamento cliente/vendedor, com **habilidade** em construir rapidamente entendimento genuíno e **garantir vitórias contratuais competitivas. Experiência prática** em compras/controle inventarial/orçamento, **com reputação** de dedicação, **resolução de problemas** criativo e atendimento destacado.

EMPREGO-ALVO

Trabalho desejado:	Funcionário
Período desejado:	Integral
Localidade:	Sem preferência

	Nível de carreira:	Gerência (Gerente/Diretor de pessoal)
	Disponibilidade:	Imediata
EMPRESA-ALVO	**Tamanho:**	Sem preferência
	Categoria:	Instalação, Manutenção e Reparos
LOCALIDADE-ALVO	**Pode mudar:**	Sim
	US	
ESTADO EMPREGATÍCIO	US	Estou autorizado a trabalhar neste país para qualquer empregador.
EXPERIÊNCIA	Nov/1991 – Fev/2001	DEF Company Brooklyn, NY

Gerente de operações

Totalmente responsável por operações diárias, inclusive supervisão de pessoal, compras, inventário, previsão orçamentária, contas a pagar/receber, atendimento ao consumidor, manutenção de prédio/depósito e vendas de encanamento subterrâneo, válvulas, hidrantes e equipamentos usados na distribuição subterrânea de água e tratamento de esgoto.

Conquistas-chave:

* **Superou** até as projeções de venda mais otimistas, aumentando a fatia do mercado de 40% para 95% em área triestadual, que compreende Nova York, Nova Jersey e Connecticut. **Atingiu** venda recorde de mais de $2.5 milhões anuais.

* **Construiu** relacionamentos mutuamente benéficos com numerosos contratantes e prefeituras, **garantindo** repetidas vezes vitórias contratuais competitivas em licitações de novas obras.

* **Recebeu** a primeira nota 100% na auditoria interna da história da empresa. **Manteve** padrões **constantemente** impecáveis de documentação de compras/vendas/orçamento e tirou 99% ou notas mais altas nos últimos nove anos em todas as auditorias internas surpresas.

* **Negociou** termos favoráveis com vendedores que **melhoraram** significativamente o poder de compra e reduziu custos operacionais. Seus esforços resultaram em maiores descontos com os fornecedores, em termos de pagamento expandidos, gerando aumentos drásticos na média de vendas diária e economia em transporte de aproximadamente U$30.000 anuais.

* **Liderou** a história de operações livre de acidentes por nove anos na filial.

* Performance superior reconhecida através de promoção como funcionário de depósito após apenas quatro meses no emprego.

Ago/1990 – Nov/1991 ABC Service Staten Island, NY

Construtor de poços
Instalou, detectou problemas, fez manutenção e reparos em poços de água.

Conquistas-chave:

* Dominou rapidamente as habilidades mecânicas exigidas para completar com sucesso e confiança todos os reparos e instalações sob cronogramas rígidos e com supervisão mínima.

* Aderiu a padrões de operações seguros – nunca teve um acidente de trabalho.

Ago/1989 – Ago/1990 Marv Herman Staten Island, NY

Instalador

Instalou carpete, linóleo e produtos para piso.

* **Ganhou reputação** de precisão – nunca teve que reinstalar carpete ou linóleo devido a medições ou cortes incorretos.

Nov/1977 – Jul/1989 ABC Company Brooklyn, NY

Vendas de campo & Gerente de serviços, Capataz, Assistência técnica

Instalou, deu assistência, testou e operou bombas de alta-pressão (10.000 PSI) e alto-volume em ambiente 24/7. Limpou e inspecionou canos de perfuração Magnaflux. Vendeu e operou equipamento de aluguel, trabalhando diretamente com contratantes de produção e perfuração. Assistiu às necessidades de clientes geotérmicos inclusive gigantes da indústria como: XYZ Company e JKL Company.

Conquistas-chave:

* **Repetidamente promovido a cargos de responsabilidade cada vez maior**, finalmente administrando todas as operações comerciais para Nova York e Nova Jersey.

* **Adquiriu** vasto conhecimento mecânico e industrial e conquistou histórico de 11 anos de tempo perdido zero devido a acidentes, apesar das tarefas arriscadas, incluindo apagar três diferentes explosões de poços de petróleo com a organização de bombeiros de poços de petróleo mundialmente reconhecida ABC Fire Co.

HABILIDADES

Conhecimento	Nível	Quando usado	Experiência
Melhoria P&L	Intermediário	Usado atualmente	9 anos
Compras/Controle inventarial	Intermediário	Usado atualmente	9 anos
Liderança e supervisão	Intermediário	Usado atualmente	9 anos
Vitórias de contrato competitivas	Intermediário	Usado atualmente	9 anos
Expansão de fatias de mercado	Experto	Usado atualmente	9 anos

HABILIDADES	Conhecimento	Nível	Quando usado	Experiência
	Vendas B2B	Intermediário	Usado atualmente	9 anos
	Gerência de relacionamento com o cliente	Experto	Usado atualmente	15 anos
	Corretor/negociação de contrato	Intermediário	1 ano atrás	7 anos
	Mecânica/ Construção	Intermediário	1 ano atrás	7 anos

INFORMAÇÃO ADICIONAL

TREINAMENTO PROFISSIONAL

* Série de gerenciamento inventarial avançado – Brooklyn, NY (Abr/1999)

* ABC Curso de Gerência – Nova York, NY (Maio/1987)

Currículos (cont.)	Résumés (cont.)
Destacando suas qualidades pessoais – modelos de frases	**Highlighting your personal capabilities – sentence patterns**
Habilidoso em...	Skilled in...
Com experiência em...	Experienced in...
Reputação por...	Reputation for...
Conhecido por...	Known for...
Respeitado por...	Regarded for...
Cheio de vontade de...	Eager to...
Sobressai/Destaca-se em...	Excel in...
Perito em...	Expertise in...
Entendido em...	Proficient in...
Competência perita em...	Expert competence in...
Perfeitamente familiarizado com...	Thoroughly familiar with...
Histórico de...	Track record of...
Qualificações excelentes em...	Excellent qualifications in...
Reconhecido pela habilidade excepcional de/em...	Recognized for exceptional ability to...

Destacando suas qualidades pessoais – modelos de frases (cont.)	Highlighting your personal capabilities – sentence patterns (cont.)
Habilidade comprovada em...	Proven ability to...
Habilidade comprovada em...	Demonstrated ability to...
Sucesso comprovado em...	Demonstrated success in...
... com talento especial para...	... with a special talent for...
Tem grande habilidade em [resolução de problemas]	Strong [problem resolution] skills
Sólida combinação de habilidade em lidar com [pessoas], [vendas] e [negócios].	Solid blend of [people], [sales] and [business] skill
Combinação única de experiência [técnica] e [em vendas]	Unique combination of [technical] and [sales] experience
Forte compromisso com...	Strong commitment to...
Histórico constante de...	Consistently strong record of...
Habilidade [interpessoal] e de [comunicação] excepcional	Exceptional [interpersonal] and [communication] skills
Histórico de constante...	Track record of consistent...
Disposto a fazer o que for preciso...	Willing to do whatever it takes to...
[detalhista] e [eficiente] profissional de [contabilidade] com ótima formação em todas as áreas do [sistema contábil]	[detail-oriented] and [efficient] [accounting] professional with a strong background in all the areas of [the accounting system].
Profissional de [sistemas computacionais] com experiência em ambientes de trabalho [dinâmicos] que exigem muita habilidade [organizacional].	[Computer systems] professional experienced working in [fast-paced] environments demanding strong [organizational] skills.
[Programador] [dedicado] com [3] anos de experiência [prática] usando [C++].	A [dedicated] [programmer] with [3] years [hands-on] experience using [C++].
Oferece uma rara combinação de grande habilidade [interpessoal] somada à compreensão [profunda] de [sistemas].	Offer a rare combination of superior [interpersonal] skills coupled with [in-depth systems] understanding.

Destacando suas qualidades pessoais – palavras-chave	Highlighting your personal capabilities – key words
Detalhista	Detail-oriented
Organizado	Well organized
Motivado	Self-motivated
Profissional que assume responsabilidades	Take-charge professional
Cumpridor de metas/Determinado	Goal-driven

Destacando suas qualidades pessoais – palavras-chave (cont.)	Highlighting your personal capabilities – key words (cont.)
Voltado para lucros	Profit-driven
Altamente digno de confiança	Highly trustworthy
Capaz de múltiplas atividades	Able to multitask
Realizador excepcional	Exceptional follow-through abilities
Negociador dinâmico	Dynamic negotiator
Tem desenvoltura	Resourceful
Talentoso	Talented
Visionário	Visionary
Dedicado	Dedicated
Trabalhador com senso de equipe	Team player
Visão holística	Cross-functional awareness
Criativo	Creative
Voltado para resultados	Results-oriented
Cheio de energia/vontade/vitalidade	Energetic
Independente	Self-directed
Prioriza a carreira	Career-driven
Sangue-frio/Calmo sob pressão	Cool under pressure
Dinâmico	Dynamic
Pensador lateral	Lateral thinker
Experiente	Seasoned
Trabalha bem sob pressão	Work well under pressure
Estilo flexível de trabalho	Flexible work style
Seguro de si/Sabe se impor	Assertive
Altamente experiente	Highly experienced
Trabalhador	Hard working
Negociador de alto-impacto	High-impact negotiator
Tenaz	Tenacious
Concentrado	Focused
Analítico	Analytical
Altamente eficiente	Highly efficient
Hábil	Accomplished
Articulado	Articulate
Persuasivo	Persuasive
Líder natural	Natural leader
Diplomático	Diplomatic
Com tato/Diplomático	Tactful
Leal	Loyal
Adaptável	Adaptable
Completo	Thorough

Destacando suas qualidades pessoais – palavras-chave (cont.)	Highlighting your personal capabilities – key words (cont.)
Meticuloso	Meticulous
Indivíduo automotivado	Self-motivated individual
Habilidade para trabalhar independentemente com supervisão mínima	Ability to work independently with minimal supervision
Habilidade de tomar decisões bem pensadas	Ability to make well thought out decisions
Trabalha em equipe com visão de tudo	Team player with cross-functional awareness
Habilidade demonstrada para trabalhar efetivamente em equipe, assim como individualmente para alcançar objetivos organizacionais	Demonstrated ability to function effectively as a team player, as well as work independently to achieve organizational objectives
Adapta-se rapidamente a estilos diferentes de gerenciamento e de clientes	Adapt quickly to diverse management and client styles
Adapta-se facilmente a novas situações e exigências	Adapts to new situations and requirements easily
Capacidade demonstrada de gerenciar projetos e prazos múltiplos com sucesso, chegando na hora e dentro do orçamento.	Demonstrated capacity to successfully manage multiple projects and deadlines, coming in on time and within budget
Cheio de energia, concentrado e independente	Energetic, focused and self-directed
Motivado, voltado para resultados	Motivated, results-oriented individual
Excelente habilidade de comunicação escrita e oral	Excellent verbal and written communication skills
Um comunicador natural	A natural communicator
Tem excelentes habilidades oratórias e de falar em público	Possesses excellent presentation and public speaking abilities
Confiante e equilibrado nas interações com indivíduos em todos os níveis	Confident and poised in interactions with individuals at all levels
Clara habilidade comunicativa e forte capacidade de escrita	Clear communication abilities and strong writing capability
Habilidades comunicativas altamente eficazes	Highly effective communication skills
Estilo de comunicação respeitoso, mas seguro de si/que se impõe	Respectful yet assertive communication style
Relaciona-se bem com pessoas de formação variada	Relates well to people from a variety of backgrounds
Usa [humor], [atitude positiva] e [altos padrões] para motivar os funcionários à perfeição	Use [humor], [positive attitude] and [high standards] to motivate staff to excellence

Destacando suas qualidades pessoais – palavras-chave (cont.)	**Highlighting your personal capabilities – key words (cont.)**
Habilidades interpessoais e de comunicação excepcionais, principalmente nas áreas de...	Exceptional interpersonal and communication skills, particularly in the areas of...
Autoconfiante e equilibrado nas interações com todas as hierarquias comerciais	Self-confident and poised in interactions across all business hierachies
Sucesso constante em resolver uma infinidade de problemas difíceis nos [negócios]	Consistent success in solving a diversity of demanding [business] problems
Reconhecido como mãos à obra, proativo solucionador que consegue identificar rapidamente problemas [comerciais]	Recognized as a hands-on, pro-active troubleshooter who can rapidly identify [business] problems
Hábil em resolver problemas com facilidade para aprender	Skilled in problem solving with an ability to learn quickly
Habilidade analítica forte, avalia condições com facilidade e implementa intervenções apropriadas	Strong analytical skills, easily assess conditions and implement appropriate intervention
Altamente digno de confiança, ético e discreto	Highly trustworthy, ethical and discreet
Reputação de funcionário dedicado e trabalhador	Reputation as a hard working and dedicated employee
Empenhado em oferecer serviço de qualidade ao consumidor	Committed to superior customer service
Reputação por providenciar serviço excelente ao consumidor	Reputation for providing excellent customer service
Detalhista e desenvolto para completar projetos	Detail-oriented and resourceful in completing projects
Organizado, atento a detalhes e preciso	Well organized with attention to detail and accuracy
Presta muita atenção aos detalhes	Pay close attention to details
Habilidade acima da média de gestão de trabalho/tempo	Above-average work/time management skills
Prospera em ambiente de [desafio], [criatividade] e [variedade]	Thrive in atmosphere of [challenge], [creativity] and [variety]
Excelente registro em dia e dentro do orçamento	Excellent on-time and on-budget record
Conhecido por inovar	Known for innovation
Constantemente alcança e excede as metas de venda	Consistently meet and exceed sales goals
Empenhado em exceder o desempenho esperado	Committed to exceeding performance expectation

Destacando suas qualidades pessoais – palavras-chave (cont.)	Highlighting your personal capabilities – key words (cont.)
Esforça-se em cumprir objetivos, usando [persistência] e [habilidade de liderança]	Excel in meeting objectives using [persistence] and [leadership skills]
Histórico de constante superação de metas da empresa	Track record of consistently exceeding company goals
Histórico constante de ótimo desempenho comprovado por promoções a posições de responsabilidade cada vez maior	Consistently strong record of performance demonstrated by promotions to increasingly responsible positions
Líder empenhado e que sabe se impor	Assertive, hands-on leader
Motivador cheio de energia	Energetic motivator
Constantemente levou equipes a alcançar metas [departamentais]	Constantly leads teams to achieve [departmental] goals
Lider dinâmico e concentrado em atingir objetivos	Dynamic, achievement-focused leader
Gerente cumpridor de metas	Goal-driven manager
Grande especialista em gerenciamento	Powerful management expertise
Capacidade especial em planejar, coordenar e delegar	Especially strong planning, coordinating and delegating capacities
Grande habilidade em guiar e monitorar	Strong ability to guide and monitor
Tenaz, comprometido com [análise de necessidade]	Tenacious, with commitment to [needs analyses]
Disposto a assumir riscos razoáveis	Willing to take reasonable risks
Grande habilidade de fechar negócio	Strong deal closing abilities
Excelente habilidade em administrar tempo	Excellent time management skills
Cheio de vontade e disposição para aprender	Eager and willing to learn

Destacando suas realizações com verbos de ação	Highlighting your achievements with action verbs
Conseguiu o/a [menor índice de transferência de funcionários]	Achieved [lowest employee turnover rate]
Deu consultoria a [clientes sobre marketing eficaz]	Advised [clients on effective marketing]
Prestou assistência a [declarações de impostos sobre vendas]	Assisted with [sales tax returns]
Atraiu [grandes contratos]	Attracted [big contracts]
Automatizou [sistema de cobrança]	Automated [billings]
Aumentou em [90% a rede de associados]	Boosted [net membership 90%]
Construiu [relacionamentos duradouros]	Built [long-term relationships]
Conquistou [uma conta de $15 milhões]	Captured [a $15 million account]

Destacando suas realizações – com verbos de ação (cont.)	**Highlighting your achievements with action verbs (cont.)**
Lutou pel[a fusão entre...]	Championed [the merger between...]
Colaborou com [CFO para estabelecer...]	Collaborated with [CFO to establish...]
Concebeu e iniciou [estratégias PR]	Conceived and initiated [PR strategies]
Implantou [folha de pagamentos quinzenal]	Conducted [biweekly payroll functions]
Convenceu [gerência a informatizar escritório]	Convinced [management to computerize the office]
Coordenou [uma equipe de projetos]	Coordinated [a project team]
Criou [uma nova metodologia de treinamento]	Created [a new training methodology]
Desenvolveu [novas formas de planilha eletrônica]	Developed [new spreadsheet formats]
Criou [um sistema de rastreamento para...]	Devised [tracking system to...]
Direcionou [patrocínio]	Directed [sponsorship]
Impulsionou [lucratividade de um varejista nacional]	Drove [profitability of a national retailer]
Encorajou [expansão]	Encouraged [expansion]
Estabeleceu [programas de treinamento]	Established [training programs]
Movimentou [mais de $17 milhões de pagamentos de despesas de capital por ano]	Executed [capital expenditure payments in excess of $17 million annually]
Expandiu [a rede de consumidores]	Expanded [customer base]
Facilitou [negociações bem-sucedidas]	Facilitated [successful negotiations]
Respondeu [questionamentos de investidores]	Fielded [investor inquiries]
Formulou [uma estratégia para...]	Formulated [a strategy to...]
Gerou [novos clientes]	Generated [new clients]
Aumentou [as vendas]	Grew [sales]
Orientou [distribuidores a melhorarem as vendas]	Guided [distributors to improve sales]
Administrou [todas as relações bancárias]	Handled [all banking relations]
Ajudou a [estabelecer a arrecadação anual de fundos]	Helped [establish the annual fund raising]
Contratou/treinou/supervisionou [os funcionários]	Hired/trained/supervised [staff]
Identificou e resolveu [problemas processuais]	Identified and solved [process problems]
Implantou [procedimento para garantir...]	Implemented [procedures to assure...]
Melhorou [o serviço ao cliente]	Improved [customer service]
Aumentou [as vendas trimestrais]	Increased [quarterly sales]

Destacando suas realizações – com verbos de ação (cont.)	Highlighting your achievements with action verbs (cont.)
Iniciou [um novo programa de recrutamento]	Initiated [a new recruitment program]
Instituiu [as metas do departamento]	Instituted [department goals]
Introduziu [capacidade multimídia]	Introduced [multimedia capability]
Lançou [nova ferramenta de busca]	Launched [new search engine]
Liderou [equipes de até 15 profissionais]	Led [teams of up to 15 professionals]
Manteve [documentação apropriada de...]	Maintained [proper documentation of...]
Gerenciou [desenvolvimento criativo]	Managed [creative development]
Maximizou [a eficiência através de...]	Maximized [efficiency by...]
Cumpriu [prazos para projetos]	Met [project deadlines]
Minimizou [acidentes]	Minimized [accidents]
Negociou [contratos importantes]	Negotiated [major contracts]
Comandou [eventos especiais em hotéis]	Orchestrated [hotel special events]
Originou e fechou [um negócio de $15 milhões]	Originated and closed [a $15 million deal]
Supervisionou [todas as operações]	Oversaw [all operations]
Participou do [recrutamento de funcionários]	Participated in [staff recruitment]
Executou funções [de contas a pagar]	Performed [accounts payable] functions
Foi precursor [da informatização da empresa]	Pioneered [the company's computerization]
Impediu [perda de vendas]	Prevented [loss of sale]
Ofereceu [serviços de consultoria, comunicação e suporte]	Provided [consultative, liaison and support services]
Recebeu [reconhecimento nacional]	Received [national recognition]
Reduziu [custos]	Reduced [costs]
Reformulou [metodologias e processos]	Re-engineered [methodologies and processes]
Rejuvenesceu [o departamento de vendas]	Rejuvenated [the sales department]
Renovou [a confiança dos investidores]	Renewed [investors' faith]
"Recauchutou" [conexões de internet e de rede]	Revamped [networks and internet connections]
Reverteu [uma tendência negativa]	Reversed [a negative trend]
Revitalizou [vendas estagnadas]	Revitalized [sluggish sales]
Economizou [uma estimativa de $10,000 em juros]	Saved [an estimated $10,000 in interest]
Assegurou [a liderança do setor]	Secured [industry leadership]
Encurtou [tempo de giro]	Shortened [turn-around time]

Destacando suas realizações – com verbos de ação (cont.)	Highlighting your achievements with action verbs (cont.)
Liderou [desenvolvimento de novos negócios na América Latina]	Spearheaded [new business development in Latin America]
Racionalizou [funções administrativas]	Streamlined [administrative functions]
Superou [a cota de arrecadações em 150%]	Surpassed [collections quota by 150%]
Transformou [o processo de vendas]	Transformed [the sales process]
Ganhou [prêmio por...]	Won [award for...]

Cartazes comuns	Common signs

Exemplo de uso:

Sale

50% off

Everything must go!

Liquidação

50% de desconto

Queima total!

Cartazes comuns	Common Signs
Avisos de proibido fumar	**No smoking signs**
Proibido Fumar	No Smoking
Proibido fumar, por favor	No smoking, please
Proibido fumar a partir daqui	No smoking beyond this point
Esta é uma zona de não fumantes	This is a no smoking zone
É proibido fumar nesta área	Smoking prohibited in this area
Proibido fumar neste prédio	No smoking in this building

Vendas	Sale
À Venda	For Sale
À venda, tratar com proprietário	For sale by owner
Promoção	On Sale
Liquidação/Promoção	Sale
Liquidação de ponta de estoque	Closeout Sale
Liquidação de encerramento/ Loja fecha e vende tudo	Going-out-of-business sale
Promoção de Inauguração	Grand Opening Sale
Liquidação de Mudança	Moving Sale
Tudo pela metade do preço	Half-off sale
Liquida tudo!	Sale! Everything must go!
Promoção de volta às aulas	Back-to-School Sale
Liquidação de final de ano	Year-end Clearance Sale

Pagamento	Payment
Aceitamos todas as formas de pagamento	All forms of payment accepted
Não aceitamos cheques	No checks please
Não aceitamos cheques de pessoa física	No personal checks
Não aceitamos cheques de outras praças	No out-of-state/foreign checks
Aceitamos *traveller's* cheques	We take traveller's checks
Cheques somente aceitos com apresentação de identidade	Checks accepted with picture ID
Infelizmente não aceitamos cartões de crédito	Sorry, no credit cards
Nós aceitamos [Visa, Mastercard, Discovery, Diners, American Express]	We gladly accept [Visa, Mastercard, Discovery, Diners, American Express]
Facilite o troco/Por favor, tenha a quantia exata	Please have exact change
A quantia trocada é bem-vinda	Exact change is greatly appreciated
Não aceitamos notas acima de [R$50]	We cannot accept bills over [R$50]

Placas de acesso	Access signs
Acesso restrito	No admittance
Apenas pessoas autorizadas	Authorized personnel only
Vedado o acesso a pessoas não autorizadas a partir deste ponto	Unauthorized persons prohibited beyond this point
Acesso proibido para pessoas não autorizadas	No access for unauthorized persons

Placas de acesso (cont.)	Access Signs (cont.)
Proibido entrar	No entry
Sem saída	No exit
Proibido cachorros (exceto cachorro-guia)	No Dogs (except guide-dogs)
Espaço reservado para deficientes	Space reserved for handicapped persons

Avisos	Warnings
Cuidado com a cabeça	Watch your head
Cuidado com a cabeça Teto baixo	Watch your head Low ceiling
Cuidado com o degrau	Watch your step
Suba	Step up
Desça	Step down
Por favor use o corrimão	Please use handrail
Piso desnivelado	Uneven floor
Piso molhado/escorregadio	Wet floor
Tinta fresca	Wet paint

Desculpas	Apologies
Estamos em reforma! Desculpamo-nos por qualquer inconveniente – a gerência	We're remodeling! We apologize for any inconvenience – the management
[Elevador] (temporariamente) fora de serviço. Desculpem-nos por qualquer inconveniência	[Elevator] (temporarily) out of order. We apologize for the inconvenience.

Língua/Idioma	Language
Falamos inglês	We speak English
Aqui se fala inglês	English spoken here
Representante de língua inglesa não está no momento (voltará depois de...)	English-speaking representative temporarily unavailable (Will return after...)

Informações para hóspedes em um hotel	Hotel guest information

Exemplo de uso:

Breakfast is served on the 3rd floor
dining area from 6:30am to 11:00am

O café da manhã é servido no terceiro andar
salão de jantar das 6:30 às 11:00

Informações para hóspedes em um hotel	Hotel guest information
Bem-vindo	**Welcome**
Favor nos informar sobre qualquer coisa que possamos fazer para tornar sua permanência mais agradável.	Please let us know if there is anything we can do to make your stay more pleasant.
Café da manhã	**Breakfast**
O café da manhã é servido [no restaurante] das 6 às 10 horas. Por favor, não saia do restaurante com comida. Obrigado. Café da manhã servido no apartamento será acrescido de taxa extra.	Breakfast is served [in the hotel restaurant] from 6 am to 10 am. Please do not remove food items from the restaurant. Thank you. Breakfast served in rooms will be subject to an extra charge.
Lavanderia	**Laundry**
Por favor, use sacola para lavanderia. Os serviços de lavanderia serão entregues no prazo máximo de 24 horas. Serviços urgentes serão executados mediante consulta e pagamento de uma taxa de 50%.	Please use courtesy laundry bag. Laundry will be delivered within 24 hours. Urgent service will be provided upon request and upon payment of an additional amount of 50%.

Piscina	Pool
Favor solicitar toalhas à camareira.	Please ask the chambermaid for towels.
Favor não levar toalhas para fora do apartamento.	Please do not remove towels from the room.
Há toalhas disponíveis na área da piscina.	There are towels avaiable at the pool area.

Diária	Room rates
Saída às 12:00.	Check out time at 12:00 noon.
Alguma alteração em sua permanência, consulte a nossa recepção.	Any alteration in your stay, please contact the reception desk.

Cofres	Safe deposit boxes
O hotel possui cofre nos apartamentos que pode ser usado gratuitamente. Informações na recepção.	The hotel provides free safe deposit boxes in the rooms. Information at the front desk.

4

Modelos
Models

Modelos de e-mails	E-mail models

Nesta seção, o leitor pode achar uma seleção de mensagens de correio eletrônico autênticas, cada uma adaptada e cuidadosamente escolhida para este livro, que o autor e outros americanos e ingleses têm recebido de estrangeiros, principalmente brasileiros, comunicando-se com eles. Muitas vezes o inglês desses autores estrangeiros das cartas mandadas não estava totalmente certo, mas o autor as corrigiu e aproveitou os principais temas das mensagens por serem aplicáveis à realidade brasileira, já que são de fato mensagens autênticas mandadas por pessoas de verdade, com necessidades reais de comunicação em inglês.

Uma resposta em lugar de alguém	Responding on behalf of someone
Simon,	Simon,
Don está viajando por alguns dias. Então ele pediu para responder a sua mensagem.	Don is away for a few days, so he asked me to answer your note.
Ele recebeu o arquivo e deverá entrar em contato com você esta semana.	He received the file, and you should hear from him sometime next week.

Uma resposta em lugar de alguém (cont.)	Responding in beahlf of someone (cont.)
David Ganelli St. Gillis Media Labs Coordinator	David Ganelli St. Gillis Media Labs Coordinator

Aviso de visita, combinando datas	Letting one know of a visit, arranging dates
John, Finalmente o curso do Rio está confirmado. Será de 24 a 31 de janeiro, o que significa que eu poderei ir a São Paulo no mínimo uma semana antes para encontrá-lo e daí ir ao Rio. A Cultura Britânica estará encarregada das passagens aéreas. Portanto eu terei que perguntar a eles quanto a mais custaria adicionar uma conexão na minha programação. O que você acha destas datas? Estou indo para a Holanda amanhã para passar alguns dias com minha mãe, mas estarei de volta no dia 9. Um abraço. Falo com você em breve, Mark	John, At last, the Rio course has been confirmed. The dates are January 24 – 31, which means I could come out to São Paulo a week or so earlier, meet you and then fly on to Rio afterwards. Cultura Britânica will be arranging the flights, so I'd need to ask them how much extra it would be to put a connecting flight into my program. How would these dates suit you? I'm off to Holland tomorrow to see my mother for a few days, but I'll be back on the 9th. Take care. Speak to you soon, Mark

Convite informal para dar palestras	Informal invitation to lectures
Oi, Mary: Uma mensagem rápida sobre o congresso. Michael não virá no próximo ano, e portanto gostaríamos de saber se você estaria interessada em dar duas palestras para a LTI. Michael sugeriu um pagamento de 2.000 dólares por palestra. Se você estiver com tempo hoje à tarde, poderia me ligar (para eu ligar de volta em seguida) para bater um papo sobre isso?	Hi Mary: A quick note about the conference. Michael will not be coming out next year but we were wondering if you would be interested in doing 2 lectures for LTI. Michael suggested a fee of $2,000 per lecture. If you are free this afternoon can I get you to give me a call (I will call you straight back) to have a chat about this?

Convite informal para dar palestras (cont.)	Informal invitation to lectures (cont.)
Espero receber notícias suas mais tarde. Um abraço. Tudo de bom, Steve	I hope to hear from you later today. Take care. All the best, Steve

Pondo as novidades em dia	Updating news
E aí? Espero que você ainda tenha este endereço de e-mail, senão eu não vou saber como encontrá-lo. Espero que as coisas estejam bem no Brasil. Que tal o novo emprego? Algum plano para o Revéillon? Não consigo decidir o que fazer. Acabamos de voltar da Suíça, dia 31 de agosto, mas já estou pronto para voltar à Europa novamente! A viagem foi muito curta, apenas 10 dias, já que é só o que Linda pode tirar de férias. De qualquer forma, mantenha contato. Luke	Hey, what's up? I'm hoping that you are still at this e-mail address, otherwise I don't know how to reach you. Hope things are going well in Brazil. How is the new job? Any plans for New Year's? I can't decide what to do. We just got back from Switzerland August 31, but I'm ready to go back to Europe again! The trip was too short, just 10 days, since that is all that Linda can get off work. Anyway, keep in touch. Luke

Aviso de mudança de e-mail	Notice of change of e-mail address
Oi, Janice, Apenas para você saber que o meu e-mail residencial já está funcionando. Até que enfim! Me diga se você está recebendo as mensagens direito, e daí eu escreverei mensagens mais longas em breve. Como estão as coisas com João? Espero ter notícias suas em breve. Sandra	Hi Janice, Just to let you know that my home e-mail is now working. At last! Let me know if you are receiving your messages OK and I will write a longer message soon. How's it going with João? Hope to hear from you soon. Sandra

Confirmando ter recebido mensagem	Confirming receipt of e-mail
Caro Pat, Obrigado pela mensagem. Escreverei para você lá de casa para saber todas as novidades. Tudo de bom, Dave	Dear Pat, Thanks for your message. I will write to you from my home e-mail address to catch up on all the gossip. All the best, Dave
Uma mensagem breve pessoal/profissional	**A quick personal/professional note**
Cara Lúcia, Apenas só para saber como as coisas estão e saber se você ainda vai ao congresso. Falo com você em breve. Tudo de bom, Jerry	Dear Lúcia, Just a quick note to see how things are going and to see whether you are still going to the conference. Speak to you soon. All the best, Jerry
Querendo saber das novidades	**Wanting to know news**
Caro Victor, Apenas para saber se você chegou bem ao Brasil. Espero ter notícias suas em breve. Tudo de bom, Stuart	Dear Victor, Just a quick note to see how you got on in Brazil. I hope to hear from you soon. All the best, Stuart
Problemas em receber e-mail	**Problems receiving e-mail**
Cara Carol, Tivemos um pequeno problema com o e-mail ontem, e parece que a mensagem que você mandou com seu endereço sumiu. Só para variar! Você pode mandar novamente? Obrigada. Tudo de bom, Diana	Dear Carol, We had a slight problem with the e-mail yesterday and it appears that the message you sent with your address has gone missing! So typical. Can I get you to send it again? Thanks. All the best, Diana

Pessoa que assistiu palestra escrevendo para palestrante – 1

Algum tempo atrás, participei de um dos seus seminários onde você falou sobre o seu novo livro, *Investindo no futuro*. Eu perguntei se você tinha dado a seus alunos algum tipo de teste e você me disse para mandar um e-mail para que você me enviasse uma cópia.

Espero sua resposta em breve. Obrigada antecipadamente.

Fabíola

Person who attended lecture writing to speaker – 1

Some time ago I attended one of your lectures where you talked about your new book, *Investing in the future*. I asked you if you had given your students any kind of test and you told me to send you an e-mail so that you could send me a copy.

I look forward to your reply soon. Thank you in advance.

Fabíola

Querendo saber das novidades – 2

Caro Bob,

Saudações de Barcelona! Como estão as coisas com você? Você está no Brasil? Estou muito feliz por estar de volta a Barcelona. Eu acabei de passar as últimas semanas procurando apartamento e organizando minha casa nova.

Espero que você não tenha passado por Barcelona ainda, pois seria ótimo vê-lo novamente. Nós temos um quarto extra para visitas, portanto você será bem-vindo a qualquer hora.

As aulas começam amanhã e estou ansiosa para voltar a trabalhar.

Eu gostaria de saber como você está indo, portanto escreva quando puder. Esse é o e-mail da minha colega. Eu tenho tido problemas ultimamente em receber e-mails, então se você tiver algum problema ao enviar um, você pode tentar mais tarde ou usar o correio normal.

Tudo de bom para você.

Beijos e abraços,

Susan

Wanting to know news – 2

Dear Bob,

Greetings from Barcelona! How are things with you? Are you in Brazil? I'm very happy to be back in Barcelona. I've just spent the last several weeks apartment hunting and getting settled in my new place.

Hopefully you haven't already passed through Barcelona, because it would be great to see you again. We have an extra room for company, so you're a welcome guest anytime.

The school term starts tomorrow and I'm looking forward to getting back to work.

I'd love to hear how you're doing, so write when you can. This e-mail address belongs to my roommate. I've been having problems recently receiving e-mail so if you have trouble sending one, you might try later or use regular mail.

My best wishes to you.

Hugs and kisses,

Susan

Pedindo informação a um colega	**Asking information of a colleague**
Caro Erik, Gostaria de saber se você pode me fazer um favor. Você pode pesquisar quanto um voo doméstico de São Paulo para Recife ida e volta custa, saindo na sexta, 25 de junho, retornando no domingo, 27 de junho?	Dear Erik, Just wondering if you could do me a favor. Could you investigate how much an internal flight from São Paulo to Recife (return) would cost, going to Recife on Friday the 25th of June, returning to São Paulo on Sunday the 27th?
Por favor, você pode enviar sua resposta para meu e-mail particular, que é o seguinte: shaun@lti.com.uk Te explico tudo quando tiver notícias tuas. Obrigado pela ajuda. Um abraço, Shaun	Can you send your response to my home e-mail address, as follows: shaun@lti.com.uk I will explain all when I hear from you. Thanks for your help. Take care, Shaun

Pedindo para mandar mensagem novamente	**Asking for e-mail re-send**
Olá, Ron, Estou enviando esta mensagem urgente porque eu tenho que pedir a você a gentileza de me enviar seus dados pessoais o mais rápido possível. Meu computador foi infectado com um vírus terrível, apagou todos os dados e tive que instalar tudo novamente. Eu consegui salvar algumas coisas, mas infelizmente o convite e seus dados apagaram também.	Hello Ron, I am sending you this urgent message because I'm going to have to ask you to please send the bio again ASAP. My computer caught a terrible virus and lost all its data and I had to re-install everything. I had some things saved, but not the invitation, unfortunately, and your data are gone too.
Sinto muito por isso, e obrigada antecipadamente! Sinceramente, Marie Ang	I am terribly sorry about that, and may I thank you in advance! Sincerely, Marie Ang

Lembrete de evento/Passando informações sobre transporte	**Event reminder/Sending transport information**
Cara Deborah,	Dear Deborah,
Este é para lembrá-la de que nós estamos te esperando no Rio na sexta-feira, 17 de setembro. Envie-me por e-mail seu endereço residencial para que possa enviar o programa.	This is to remind you that we are expecting you in Rio on Friday, September 17. Send me your home address so we can send you a program.
Por favor me avise como você está vindo: ou com o Paulo da SDS (nesse caso você deve entrar em contato com ele logo) ou de ônibus. Talvez você tenha que comprar a passagem antecipadamente ou fazer reservas.	Please let me know how you are coming to Rio: either with Paulo of SDS (in which case you would need to get in touch with him very soon) or by bus. You may have to buy the ticket in advance, or make reservations.
Tem duas linhas de ônibus (VIP, 4 horas de viagem direta): Expresso e Capuccino. Se você ligar para a rodoviária Barra Funda (não a Tietê), eles te informarão melhor. Senão, eu posso checar isso para você, mas me avise com antecedência.	There are two lines (VIP buses, 4 hours, non stop): Expresso and Capuccino. If you call the bus station Barra Funda (not Tietê) they can inform you better. Otherwise, I can check that out for you if you want, just let me know ahead of time.
Diga o que você precisa em termos de retroprojetor, flipchart, apostilas etc. Nós esperamos em torno de 800 pessoas.	Tell me what you need regarding OHP, flip charts, handouts, etc. We are expecting around 800 people.
Aqui está muito quente, traga roupas leves.	It is very hot here, so bring light clothes to wear.
Seu hotel é o Vila Real Hotel, no centro do Rio.	Your hotel is Vila Real Hotel, located in downtown Rio.
Cordialmente,	Regards,
Nídia	Nidia

Pedindo desculpas pela demora – 1	**Apologizing for delay – 1**
Caro Conrad,	Dear Conrad,
Me desculpe pela demora em conseguir seu visto. Nós todos compreendemos que não é culpa da STO, mas mesmo assim sabemos que essa demora lhe causou muitos inconvenientes. Eu tive oportunidade de falar com a	I apologize for the delay in getting your visa. We all understand it's not STO's fault, but even so, we know that this delay has caused you a lot of trouble. I had the opportunity to talk to Dr. Zizi Toppi and she told me that, at last,

Pedindo desculpas pela demora – 1 (cont.)	Apologizing for delay – 1 (cont.)
Doutora Zizi Toppi e ela me disse que finalmente você conseguiu um visto temporário e agora é só esperar alguns dias até que você possa vir ao Brasil. Ela também me disse que entraria em contato com você o mais rápido possível.	you have obtained your temporary visa and it's only a matter of days until you can come down to Brazil. She also told me that she would contact you as soon as possible.
Novamente, gostaria de pedir desculpas em nome de toda a equipe da STO.	Once again, I'd like to apologize on behalf of the whole STO staff.
Estamos esperando sua chegada.	We are looking forward to you arrival.
Sinceramente,	Sincerely,
Edna Petrelli	Edna Petrelli

Pessoa que assistiu palestra escrevendo para palestrante – 2	Person who attended lecture writing to speaker – 2
Caro Sr. Jack Shills,	Dear Mr. Jack Shills,
Meu nome é Cláudia e sou a gerente de YYP em Ribeirão Preto. Participei de sua palestra no último congresso em Ribeirão Preto. Como eu gostei bastante, gostaria de dividir com os meus auditores seniores algumas das suas ideias.	My name is Claudia and I am the manager of YYP in Ribeirão Preto. I attended your lecture in the last conference in Ribeirão Preto. Since I enjoyed it so much, I'd like to share some of your insights with my senior auditors.
Gostaria de saber se você poderia me enviar alguns dos gráficos que você nos mostrou em transparências, tipo aquele do NYSE, e alguns outros, se você não se importar, é claro.	I was wondering if you could send me some of the graphs that you showed us on transparencies, such as the one from the NYSE, and some others, that is if you don't mind, of course.
Minha reunião vai ser na próxima quinta-feira, portanto eu agradeceria se você pudesse me enviar uma resposta o mais rápido possível.	My meeting will be next Thursday, so I'd really appreciate if you could respond at your earliest convenience.
Obrigada pela sua atenção.	Thank you for your attention.
Sinceramente,	Sincerely,
Cláudia Vasco	Claudia Vasco

Pedindo desculpas por não ter comparecido a um encontro

Oi, Alex,
Chegou bem de viagem? Desculpe por não encontrá-lo para jantar. Acho que perdi uma grande oportunidade de conhecê-lo um pouco melhor e fazer uma nova amizade. Espero ter outra oportunidade.
De qualquer forma, não teria sido bom sair do jeito que eu estava. Quando tenho uma dor de cabeça, tudo que eu posso fazer é me deitar e esperar. Eu esperava encontrá-lo assim que eu melhorasse, mas eu acordei mais tarde, à uma hora da manhã, e tentei ligar para você, mas já era tarde demais.
Você pareceu ser uma pessoa legal, alguém interessante de se conhecer. Felizmente, haverá outras reuniões e você poderá sempre voltar para visitar. Enquanto isso, mantenha contato.

Espero ter notícias suas em breve.
Tânia Madrigal

Apologizing for not attending an engagement

Hi Alex,
Did you have a nice trip back? Sorry for not meeting you for dinner. I think I missed a great opportunity to get to know you a little better and make a new friend. I hope I will get another chance.
Nevertheless, it would not have been any fun to go out in the condition I was in. When I get a headache all I can do is lie down and wait. I was hoping to meet you once I was feeling better, but I woke up later at one in the morning and tried to call you but it was already too late.
You seemed to be such a nice person, someone really worth meeting. Fortunately, there will be other meetings and you can always come back to visit. In the meantime, please stay in touch.
Looking forward to hearing from you.
Tania Madrigal

Segunda tentativa de envio de mensagem por falta de resposta

Oi, Fred,
Como estão as coisas?
Eu te enviei um e-mail e não recebi nenhuma resposta de volta, então decidi tentar novamente.
Como anda o emprego novo? Trabalhando muito? Você ainda quer vir aqui? Espero que você esteja bem e se puder escrever de volta eu agradeceria. A oferta ainda está de pé, viu? Disponha!
Espero notícias suas em breve.
Se cuide,
Annette Funacelli

Second attempt of sending e-mail for lack of reply

Hi Fred,
How's everything?
I sent you an e-mail and didn't get an answer back, so I decided to give it another try.
How's the new job? Working hard? Do you still want to come visit? I hope you're doing well and if you could write me back I'd really appreciate it.
The offer is still on, OK? Anytime!
Hope to hear from you soon.
Take care,
Annette Funacelli

Pedindo atualização de dados	Asking for information update
Oi, Leanne, Como estão as coisas? Já teve alguma resposta de Michael? Você poderia me enviar seu novo endereço para que eu possa modificar nossos arquivos? Obrigado. Espero ter notícias suas em breve. Tudo de bom, Terry PS – Você ainda vai para o congresso em Vancouver?	Hi Leanne, How are things going? Has Michael gotten back to you yet? Can I get you to send me your new address so that I can change our files? Thanks. Hope to hear from you soon. All the best, Terry PS – Are you still going to be in Vancouver for the conference?

Pedindo desculpas pela demora – 2	Apologizing for delay – 2
Caro Sr. Ferreira, Por favor aceite nossas desculpas pela demora na entrega da sua encomenda a Logan Imports. Nossa aeronave chegou tarde a São Paulo e a encomenda não foi entregue até o dia 22 de janeiro. Eu fiz um pedido para mandar reembolsá-lo pelas despesas de envio em seu cartão de crédito. Lembranças, Tony Mave Atendimento ao Cliente da Overnight Shipping	Dear Mr. Ferreira, Please accept our apologies for the delayed delivery of your shipment to Logan Imports. Our aircraft arrived late into São Paulo and the shipment was not delivered until 22 January. I have submitted a request to have your credit card credited for the shipping charges. Regards, Tony Mave Overnight Shipping Customer Assistance

Carta de reclamação	Letter of complaint
A quem possa interessar: Estou escrevendo para expressar minha extrema insatisfação com seus serviços. Eu precisava enviar alguns documentos legais muito importantes ao Brasil (São Paulo) e após ligar para diferentes empresas de transporte a ASYC parecia a mais rápida. Apesar da ASYC ser a mais cara, me foi dito que a encomenda	To whom it may concern: I am writing to express my extreme dissatisfaction with your service. I needed to send some very important legal documents to Brazil (São Paulo), and upon calling different shipping companies, ASYC seemed the fastest. Though ASYC was the most expensive, I was told that my package would take

Carta de reclamação (cont.)

demoraria dois dias úteis para chegar a seu destino.
Eu localizei minha encomenda e ela não será entregue até amanhã, dia 22 de janeiro. Foi enviada ao meio-dia do dia 19 de janeiro. São três dias úteis. O que vocês farão com relação a isso?
Cordialmente,
Samuel Quejica

Letter of complaint (cont.)

two business days to arrive at its destination.
I just tracked my package and it won't be delivered until tomorrow, January 22. It was sent midday January 19. That's three business days. What will you do about this?
Cordially,
Samuel Quejica

Lembrete de prazo

Caro Ron,
Eu vou tentar dar uma apressadinha no Michael assim que eu o vir de novo. Você dará uma palestra no congresso julho próximo? Se vai, isto é só para lembrá-lo de que o prazo termina no final do mês.
Se cuide.
Tudo de bom,
Stewart

Deadline reminder

Dear Ron,
I will try and give Michael a gentle nudge when I see him next! Will you be doing a lecture at the conference next July? If so, this is just to remind you that the deadline is the end of this month.
Take care of yourself.
All the best,
Stewart

Pedindo maiores informações

Cara Verônica,
Enviei um e-mail para você, mas não sei se você o recebeu porque não consigo encontrá-lo nem mesmo na minha caixa de saída.
De qualquer forma, o propósito do meu e-mail era não só de mencionar que eu estava muito satisfeito de saber que nós teremos sua presença em nosso evento, mas também para pedir um título, um resumo da sua palestra, assim como um esboço de seus dados pessoais.

Asking for further details

Dear Veronica,
I had sent you an e-mail but I'm not sure you received it for I can't even find it in my sent box.

Anyway, the purpose of my e-mail was not only to mention I was happy to hear we are going to be having you at our event but as also to request a title, abstract and bio from you.

Pedindo maiores informações (cont.)

Nossa comissão se reunirá na sexta-feira para decidir o formato dos convites, portanto eu gostaria de ter todo o conteúdo para que nós possamos prosseguir e imprimi-los.
Por favor, sinta-se à vontade para me mandar e-mails ou telefonar, caso você tenha alguma dúvida sobre a organização do evento. Meu telefone é (016) 621-1000.
Estou esperando sua resposta.
Tudo de bom,
Penélope Cross
Presidente

Asking for further details (cont.)

Our board is meeting on Friday to decide on the layout of the invitations, and I would like to have all the content together so that we can go ahead and have them printed.
Please feel free to contact me by e-mail or phone if you have any questions as to the organization of the event. My phone number is (016) 621-1000.

I look forward to your reply.
Best regards,
Penelope Cross
President

Agradecendo pelas informações mandadas

Oi, Chris,
Obrigada pelos seus dados pessoais. Está perfeito.
Também espero encontrá-lo em Florianópolis e tenho certeza de que você vai gostar da cidade.
Se você quiser ficar para o final de semana, nós temos um quarto de hóspedes em casa e você será mais do que bem-vindo!
A gente se fala.
Um abraço,
Maitê Barreto

Thanking for details sent

Hello Chris,
Thanks for the biodata. It's perfect.

I am also looking forward to seeing you in Florianópolis and I am sure you are going to enjoy the city itself.
If you want to stay over for the weekend, we do have a guest bedroom and you are of course more than welcome!

We will be in touch.
Cheers,
Maite Barreto

Querendo confirmação de recebimento de e-mail

Não me diga que você está trabalhando mais do que eu que não vou acreditar.
Você recebeu meu e-mail com as datas de nossa reunião? Se não, me avise e eu irei reenviá-lo.

Asking for confirmation of receipt of e-mail

Don't tell me you're working more than me because I'm not going to believe it.
Did you get my e-mail about dates for our workshop? If not, let me know and I'll resend it.

Querendo confirmação de recebimento de e-mail (cont.)

Se cuide e esteja lá na quarta-feira.

Beijo,
Regina

Asking for confirmation of receipt of of e-mail (cont.)

Take care and hang in there on Wednesday.
Kiss,
Regina

Dando uma "apressadinha"

Cara Yolanda,
Aqui é a Linda. Lembra-se de mim? Eu trabalho na S & S Advogados com John. Ele está em Curitiba cuidando da mãe dele, então eu tomei a liberdade de escrever por ele. Nós realmente precisamos de uma resposta sua o mais rápido possível.
Desculpe apressá-la, mas se a palestra será no dia 14 e hoje já é dia 26, nós precisamos enviar os convites esta semana. Está quase tudo pronto. Eu apenas preciso da sua confirmação.
Poderia ser por três horas no sábado de manhã?
Por falar nisso, é uma palestra ou oficina? Por favor, gaste alguns minutos para responder este e-mail assim que você recebê-lo. Nos resta pouco tempo.
Um grande abraço,
Linda Wang

Giving a "nudge"

Dear Yolanda,
This is Linda writing. Remember me? I work for S & S Advogados with John. He's in Curitiba looking after his mother, so I took the liberty of writing on his behalf. We really do need an answer as soon as possible.

Sorry to rush you, but if the lecture is going to be on the 14th, and today is the 26th, we really need to send the invitations out this week. Everything is just about ready, I just need your confirmation.
Could it be three hours on Saturday morning?
By the way, is it a lecture or a workshop? Please take a few minutes to answer this e-mail as soon as you get it. I'm afraid we're running out of time on this.

A big hug,
Linda Wang

Contando sobre uma viagem	Telling about a trip
Caro Owen, Nós estamos de volta da Flórida onde passamos bons tempos. Ft. Lauderdale foi muito legal — tipo uma versão mais quente de Monterey. Conseguimos passar um final de semana no Parque Nacional de Everglades, um lugar maravilhoso, apesar dos pernilongos. Além de vermos 53 tipos de pássaros (21 novos para nós) vimos jacarés e um crocodilo. Na realidade, a parte mais animadora foi ver tubarões pela primeira vez. Agora voltando ao trabalho. Nós ainda esperamos saber de todas as suas novidades, portanto não se esqueça de escrever assim que você tiver maior acesso à internet. Espero que você esteja se divertindo. Um abraço de nós dois, Jeff e De	Dear Owen, We're back from Florida, where we had a great time. Ft. Lauderdale was very pleasant – rather like a hotter version of Monterey. We managed to get a weekend at the Everglades National Park. A wonderful place, in spite of the mosquitoes. As well as seeing 53 types of birds (21 new to us), we saw alligators and a crocodile. Actually, the most exciting part was probably seeing our first sharks! Now it's back to work. We're still looking forward to hearing all your news, so don't forget to write when you have easier access to the internet. Hope you're having fun. Love from both of us, Jeff and De

Escrevendo para alguém não apresentado anteriormente	Writing to someone unintroduced
Caro Sr. González, Você não me conhece, mas li uma matéria sobre o senhor na revista *Times*. Meu nome é Sharon Tale e trabalho para a IU, mas gostaria de ir ao Brasil. Eu estava trabalhando na Espanha e me ofereceram um emprego na CI em Olinda, mas em junho eles voltaram atrás afirmando que a crise econômica os havia afetado muito e eles não poderiam me conseguir um visto de trabalho, e é por isso que estou escrevendo para o senhor.	Dear Mr. González, You don't know me but I read an article about you in *Times* magazine. My name is Sharon Tale and I've been working at IU, but want to go to Brazil. I was working in Spain and had been offered a job from CI in Olinda, but in June they backed out on the deal claiming that the economic crisis had hit them hard and that they couldn't get my work visa – so that's why I'm writing you.

Escrevendo para alguém não apresentado anteriormente (cont.)	Writing to someone unintroduced (cont.)
Você recomendaria que eu fosse aí para especular? Ou é melhor garantir uma vaga daqui? Eu enviei meu currículo a muitas empresas, mas apenas recebi resposta de uma e eles não foram muito claros com relação ao visto.	Would you recommend going down there on speculation and when? Or is it best to secure a job from here? I've sent my résumé to many companies but only heard back from one, but they weren't very clear on the visa situation.
Esperando uma resposta em breve.	Looking forward to hearing from you soon.
Postosa Ollede	Postosa Ollede

Confirmando matrícula	Confirming enrolment
Caro Sr. Peters, Val Durow me contatou a seu respeito para dizer que você pretende matricular-se como um estudante de pós-graduação de meio período. No entanto, eu já sabia disso.	Dear Mr. Peters, Val Durow has just contacted me about you saying that you intend to register as a part-time postgraduate. I knew this already, however.
Estou escrevendo agora para ter certeza de que você está ciente dos custos disto. Escrevi para você sobre isso no seu endereço da Avenida Scenic, no dia 25 de março. Sei que você se mudou, porém eu não sei quando, então você talvez não tenha recebido a carta.	I am e-mailing you now to make sure you are aware of the fees implications of this. I did write to you at your Scenic Avenue address on 25 March about this – I know that you have moved but I don't know when, so you may not have gotten the letter.
Por favor, esteja ciente de que os valores para alunos estrangeiros de meio período serão em torno US$3.398 no período de 2002 – 2003.	Please be aware, then, that fees for a part-time, overseas students will amount to US$ 3,398 in the 2002/2003 session.
Eu ficarei grato com a confirmação de recebimento deste e-mail.	I should be grateful for acknowledgement of this e-mail.
Informação de matrícula será enviada em breve.	Registration information will be sent shortly.
Grata, Shelly Goby	Regards, Shelly Goby

O s genitivo

Fez-se popular no Brasil com a chegada de McDonald's®. Apesar da sua popularidade, ainda é usado incorretamente em muitos casos. 's é marca de possessão:

o fax do Mark = *Mark's fax*
a casa dos meus pais = *my parents' house*

Note que, na segunda frase, o apóstrofo é colocado no final da palavra por ela estar no plural.

Maiúsculas – *Capitalization*

Eis alguns usos que são diferentes do português:

1. Dias da semana e meses:
Monday, Tuesday, Wednesday... January, February, March...

2. Nomes de países e de línguas também:
Spain – Spanish, Italy – Italian, Brazil – Portuguese etc.

3. Nacionalidades
American, Canadian, South African

A vírgula – *The comma*

As expressões neste livro já vêm com vírgula onde indicado. Porém, há algumas regras gerais que podem ser úteis.

1. Antes de palavras conectivas, tais como *and*, *but* e *or*:
The pizza is on the table.
The beer is in the kitchen.
The pizza is on the table, ***and*** *the beer is in the kitchen.*

I am Brazilian.
My mother is from Japan.
I am Brazilian, ***but*** *my mother is from Japan.*

Pontuação e estilo (cont.) **Punctuation and style (cont.)**

We can go out to a restaurant.
We can eat at the hotel.
We can go out to a restaurant, or we can eat at the hotel.

2. Usa-se a vírgula em inglês para separar informações desnecessárias.

John lives in San Diego. —> John, *who speaks French*, lives in San Diego.

3. Para inserir comentários de transição ou de passagem.

The city of Curitiba, *for example*, is often cold in the winter.
The food, *to be honest*, was not very good.

4. Para falar com alguém diretamente.

Thanks for writing, *Chris*.

5. Com datas, endereços e números.

No one will ever forget *Tuesday, September 11, 2001*.
I was born in November 1965. (Entre mês e ano não precisa de vírgula.)

22 Kingston Street, Apartment 3
San Francisco, California 94119

Usa-se uma vírgula nos números em inglês onde em português se usaria um ponto, e vice-versa:
$7,000.00
R$2.70

Dois pontos – *The colon*

Usam-se os dois pontos para introduzir coisas:

Brazil has several attractions: good food, great beaches, and wonderful people.

Pontuação e estilo (cont.) **Punctuation and style (cont.)**

Também pode-se usar como saudação numa carta de negócios:

Dear Mr. Lewis:

Ponto e vírgula – *The semicolon*

Para conectar ideologicamente duas orações separadas, mas vinculadas:
Brazil's economy is fairly stable now; however, some analysts are a little preoccupied with the country's exports.

Aspas – *Quotation marks*

Em inglês existem dois tipo de aspas: 'single' e "double". Em ambos os casos, as vírgulas e os pontos finais, de exclamação e de interrogação sempre ficam dentro das aspas.

"Double"
Para citações: "The book," said the teacher, "is on the table."

'Single'
Para citações dentro de citações: So he said, "I asked her and she said 'I don't know'."

Hífen – *Hyphen*

Para uso entre palavras compostas. Como o seu uso depende de muitas coisas (entre elas, frequência de uso), recomenda-se que, na dúvida, se consulte um dicionário.

Traço – *Dash*

Usa-se para acrescentar ou destacar pensamentos, opiniões e ideias:
The winter in Recife — if you can call it winter — is never cooler than twenty degrees.
The principal sports in the USA — baseball, football, hockey — are not very popular in other parts of the world.

Abreviações – *Abbreviations*

Números ordinais

1st/2nd/3rd/4th/5th/6th/7th/8th/9th/10th...22nd/100th/103rd/2001st/15,000th

Pontuação e estilo (cont.)	Punctuation and style (cont.)

Dias da semana

Mon./Tues./Wed./Thurs. ou Th./Fri./Sat./Sun.

Meses

Jan./Feb./Mar./Apr./May/Jun./Jul./Aug./Sept./Oct./Nov./Dec.

Vias

Street – St.
Boulevard – Blvd.
Avenue – Ave.
Parkway – Pkwy.
Highway – Hwy.
Freeway – Fwy.
Lane – Ln.
Court – Ct. ou Crt.
Square – Sq.
Plaza – Plza.

Endereços

Apartment – Apt.
Post office box – P.O. Box

Informações para contato

Telephone – Phone; Tel.
Facsimile – Fax
Cell phone – Cell; Mobile
Electonic mail – e-mail

Pontuação e estilo (cont.)	Punctuation and style (cont.)

Abreviações latinas

i.e.	*id ist:* isto é
e.g.	*exempli gratia:* por exemplo
et al.	*et alii:* e outros
etc.	*et cetera:* etcetera
NB	*nota bene:* note bem

Outras abreviações

acct.	account (conta)
ASAP	As Soon As Possible (o quanto antes)
approx.	approximately (aproximadamente)
art.	article (artigo)
asst.	assistant
att.	attention
c/o	care of (aos cuidados de)
apt.	apartment
cc	carbon copy
CIF	cost, insurance and freight (custo, seguro e remessa)
COD	collect on delivery
no.	number
enc. ou encl.	enclosure (anexo)
est.	estimated
ex.	example
fwd.	forward
govt.	government (governo)
hr.	hour (hora)
incl.	including (incluindo/inclusive)
inv.	invoice (fatura)
N/A	not applicable (não relevante)
mfg.	manufacturing
mgr.	manager (gerente)
min.	minimum
misc.	miscellaneous
max.	maximum
mo.	month (mês)
o.b.o.	or best offer (ou melhor oferta)
pkg.	package (pacote)
Pres.	President
p/t	part time (meio período)
qty.	quantity

Pontuação e estilo (cont.)	Punctuation and style (cont.)
ref.	reference
fig.	figure
SASE	self-addressed stamped envelope (envelope com postagem paga)
sq.	square (quadrado)
temp.	temporary
tkt.	ticket
whse	warehouse (armazém)
whsle.	wholesale (atacado)
wk.	week (semana)
w/o	without (sem)
wt.	weight (peso)
yr.	year (ano)

Ortografia — Spelling

Diferenças ortográficas entre o inglês norte-americano e o inglês britânico

É importante lembrar que, ao se escrever em inglês, deve-se seguir um só estilo. Ou seja, se começou escrevendo usando ortografia norte-americana, por exemplo, continue com ela até o fim (se não, o leitor pode achar que escreveu errado). Algumas diferenças significativas:

AmE	BrE	American	British
-o	-ou	color, humor	colour, humour
-er	-re	theater, center	theatre, centre
-led	-lled	canceled, traveled	cancelled, travelled
-ze	-se	realize, analyze	realise, analyse
-se	-ce	defense, offense	defence, offence

Ortografia quando se usa prefixos e sufixos

Ao se acrescentar um prefixo, não é preciso mudar a ortografia da palavra.

mis + spell = misspell
re + election = reelection
dis + satisfied = dissatisfied

Ortografia (cont.) **Spelling (cont.)**

Ao se acrescentar um sufixo, também não é necessário mudar nada na palavra (exceto nos casos de palavras com final -y ou -e mudo — ver a seguir).

ski + ing = skiing
drunken + ness = drunkenness
hopeful + ly = hopefully

Um -y no final de uma palavra muda para -i quando preceder consoante:

marry + ed = married
ready + ly = readily

Se a letra que preceder o -y for vogal, o -y permanecerá:

play + ed = played
say + ing = saying

Se a palavra terminar em -e mudo e o sufixo começar com vogal, tire o -e:

change + ed = changed
write + ing = writing
love + able = lovable

Se o sufixo começar com consoante, mantenha o -e:

excite + ment = excitement
care + ful = careful
nice + ly = nicely

(Duas exceções comuns a esta regra são as palavras argument *e* truly.*)*

Quando a palavra acaba em -ce ou -ge, mantenha o -e se o sufixo começar com -a ou -o:

notice + able = noticeable
manage + able = manageable
advantage + ous = advantageous

Ortografia (cont.)	Spelling (cont.)

Para tranformar um adjetivo em advérbio, acrescente -ly, que corresponde a -mente em português:

quick + ly = quickly
slow + ly = slowly

Se o adjetivo acabar em -ic, acrescente -al antes do -ly:

basic + al + ly = basically
intrinsic + al + ly = intrinsically

Se o adjetivo acabar em -ble, mude para -bly:

noticeable → noticeably
terrible → terribly

Em uma palavra monossílaba, a consoante final se duplica antes de um sufixo que começa com vogal:

run + er = runner
big + est = biggest

Em uma palavra dissílaba, só duplique a consoante final se a palavra for oxítona com sufixo que começa com vogal:

prefer + ed = preferred
commit + al = committal

Se uma palavra acaba em -ic, coloque um -k depois do -c:

traffic + ing = trafficking
picnic + ed = picnicked

***ie* ou *ei*?**

A seguinte regra é famosa nos Estados Unidos:

"i before e except after c"

Ortografia (cont.) **Spelling (cont.)**

Então:

piece, friend, believe

mas...

receive, conceive, perceive

Exceções: either, neither, foreign, leisure, seize, weird

A combinação -eigh é sempre com o -e antes do -i:

eight, height, neighbor

Plurais

Forma-se o plural de uma palavra com -s, na maioria dos casos:
kids, playgrounds, cars

Em palavras terminando em vogal+o, acrescenta-se um -s:
radio + s = radios

Em palavras terminando em consoante+o acrescenta-se +es:
hero + es = heroes